文化系のための野球入門

「野球部はクソ」を解剖する

中野慧

光文社新書

はじめに

現代日本では、よくも悪くも「野球」が特殊な位置に置かれている。

たとえば大谷翔平《おおたにしょうへい》のことを考えてみよう。大谷がホームランを放つとテレビのニュースはすぐに速報を打ち、2024年のメジャーリーグ・ワールドシリーズの時期には「大谷が（寒い秋の時期にもかかわらず）半袖で練習した」という、明らかに瑣末《さまつ》なニュースまで大々的に報道された。大谷への礼賛《らいさん》がニュースを埋め尽くすこうした現象のことを、一部のSNSユーザーたちは「大谷ハラスメント」と呼んでいたりもする。もちろん、この現象を「大谷ハラスメント」と呼ぶことには疑問がある（大谷自身の意思でこれほどの大騒ぎが繰り返されているわけではないので）が、たしかに一理あるようにも思える。

野球だけでなくスポーツ全般を見渡してみると、オリンピックの時期にはアスリートたちの活躍に対してメディア上で「感動をありがとう」という言葉が繰り返され、すっかり陳腐《ちんぷ》化した。そして、そのような「ステレオタイプなスポーツ崇拝」のことをさして〈体育会系〉という言葉がしばしば用いられる。

〈体育会系〉とは、単に運動部経験者を指すだけでなく、スポーツを無邪気に肯定し、運動部的な上下関係や組織文化を重視する価値観を持つ人々のことをさす言葉である。一方で、非運動部系で文学や映画、音楽、アニメなどの「文化的」な趣味を好む人たちのことを〈文化系〉と呼ぶ。

本書で私が試みたいのは、現代日本にいまある野球文化の「見通し」を示すことである。以前、私は批評誌『PLANETS』で『文化系のための野球入門』という連載を執筆しており、本書はその内容をほぼ全面的にリライト・再構成したものだ。同連載は〈体育会系〉的ではない視点（＝〈文化系〉的な視点）で日本の野球文化を捉え直すという企画であり、それなりの好評を得ていた。〈文化系〉的にスポーツをみるということを端的に言うと、「スポーツ＝素晴らしいもの」という前提を疑いながら物事を考え、世界に接することである。

だが連載を続けていくなかで、「体育会系を悪しざまに批判し、文化系を全面的に肯定する」ことへのニーズがどうも大きいらしい、ということが徐々にはっきりしてきた。

著者である私自身は中学、高校、大学と野球部を経験し、現在も成人の軟式野球（いわゆる草野球）を続けているので〈体育会系〉に分類されるかもしれない。その一方で書籍や雑誌が好きだったため、大学卒業後しばらくして出版・Webメディア業界で働きはじめ、カルチャー＝〈文化系〉の世界に10年以上にわたって携わってきた。

そして私の知るかぎり、特にSNS上の言論と強く結びついた〈文化系〉の世界では、運動やスポーツが一段（もしくは二段ぐらい）低いものとされ、〈体育会系〉は野蛮の象徴として扱われがちである。「それはさすがに単純すぎる見方なのでは？」「そもそも、その二分法には問題があるのでは？」と異議を差し挟むことは、基本的に許されていない（と、言い切ってしまおう）。

実は当たり前のことなのだが、野球などのスポーツも文化のひとつである。20世紀前半に活躍したオランダの歴史家ヨハン・ホイジンガによれば、人類の文化は動物同士のじゃれあいのような遊びから発展し、歌や踊りや力くらべなど身体的なものも多く含んできた。[1] 現代のスポーツはそういった身体的な遊びの変奏であると捉えられる。つまり、スポーツは身体文化（Physical Arts）であると言うことができる。「運動以外のもの」だけを文化と呼び称揚することには、明らかに問題があるのだ。

とはいえ、〈文化系〉の人たちがこれほど〈体育会系〉を嫌うのにはそれなりの理由がある。現代日本で野球がこれほど特殊な位置に置かれていることと、野球が象徴する〈体育会系〉が〈文化系〉の人たちから蛇蝎《だかつ》のごとく嫌われることは、コインの裏表のような関係にあると考えられる。

本書がめざすのは、こうした構造を読み解きつつ、今までとは少し違うものの見方を提示してみることである。

本書で主に用いるのは「批評」というアプローチである。批評とは私の定義でいえば、新しいものの見方を提示し、既存の価値を転倒させることである。一般的に批評というと、文学・美術・映画などの「作品」を対象とすることがイメージされるが、現実や現象を対象とすることもできる。単一の視点ではなく、複数の視点を組み合わせることで、新たな意味や問題の本質を明らかにできる。批評は文学・芸術批評の枠を超え、「社会」「人類」「政治」「科学」「テクノロジー」などの多様な領域を横断しながら考えていくことができる。

さらには、筆者である私にはせっかく「体育会」経験があるので、現場で見聞したことをもとに、エスノグラフィー的な視点（＝人類学などで用いられる、現場観察を通じた記述の手法）も交えていく。

したがって本書は、『文化系のための野球入門』と銘打ってはいるが、『文化系の（デメリットを無視して丸ごと肯定する）ための野球入門』ではなく、身体的なものを野蛮とみなすこれまでの〈文化系〉的な視点、あるいは〈文化系〉〈体育会系〉という二分法を脱構築し、「文化系と体育会系が知行合一《ちこうごういつ》した、これまでとは異なる世界への接し方をするための野球入門」をめざしている。[2]

まず第1章、第2章では〈体育会系〉という言葉をキーワードに、現代の日本野球をとりまく状況や問題点を、「スポーツ＝素晴らしいもの」という前提を置かずに描き出していく。

第3章から第6章までは、これまで蓄積されてきた歴史研究を活用させてもらいつつ、近現代史と野球の関係を、アメリカと戦前日本の事例から見ていく。第7章は歴史的な事象を扱いつつ、戦後日本における野球の「語られ方」に着目する。

第8章は総論「野球とスポーツの価値論」として、第1~7章までの記述をふまえて現在・未来の問題を整理し、考えていく。

そもそも日本野球の歴史だけでも150年に及んでおり、その全体を見通そうという試みは客観的にみて無謀であるといえる。本書が入門書であるという性格上、個別のポイントに踏み込みきれない部分もある。注などで各種参考文献・資料を挙げているので、読者諸兄姉にはぜひそれらに当たっていただきたい。

また、本書では論点の抉《えぐ》り出しに重点を置いている。そのため、個別の論点を把握したうえで「では、どうするか」という提言や答えの部分にはそこまで踏み込んでいない。もちろん私のなかである程度の答えは用意しているのだが、本書が提示したことを踏まえて読者がそれぞれの現場で考えたり議論したり、あるいは機会があれば私に直接ぶつけてみてほしいからである。本書が、私たちが野球やスポーツ、身体文化とどのように付き合っていくのかを考え、現実をより良い方向へと変えていくきっかけになってくれれば幸いに思う。

1 ヨハン・ホイジンガ『ホモ・ルーデンス』講談社学術文庫、2018年（原著出版年：1971年）
2 知行合一とは、16世紀の中国哲学（儒教から発展した陽明学）の概念で、知（知識）と行（行動）は一体であるべきだとする考え方のこと。

文化系のための野球入門

目次

第3章

アメリカの「創られた野球神話」

第4章

エンジョイ・ベースボールから「魂の野球」へ

——戦前のトップエリート校・一高で起こった変化

第5章

天狗倶楽部と野球害毒論争
——早慶戦から甲子園野球の誕生へ

第6章 「帝国主義」と日本野球 225

――大正〜昭和の論点

第7章 戦後日本野球とさまよえる男性性——武士道とスポーツジャーナリズムから

第8章 野球とスポーツの価値論 299

目次・章扉制作：熊谷智子

第1章

〈体育会系〉としての
日本の野球文化

マジョリティとしての野球と〈体育会系〉

本章では、現代日本の〈文化系〉の人々が、野球文化や〈体育会系〉をどう語っているのかを見ていきたい。スポーツ記者やアスリートのような「スポーツ絶対肯定派」ではない人たちの視点を得ることが、野球やスポーツが社会のなかにどう位置づけられているのかを捉える一助になると考えるからだ。

まずは漫画家・エッセイストでラジオパーソナリティとしても知られる能町《のうまち》みね子《こ》による「新語・流行語大賞の選出者は50過ぎの野球好きおじさん」説を挙げておきたい。能町は、毎年発表される同賞で、「トリプルスリー」「神ってる」「村神様《むらかみさま》」「令和の怪物」など、野球ファン以外にはほぼ関心のないであろう言葉が選出されがちなことをたびたび指摘している。[1] 能町によれば、社会の「流行語」なるものを決める力のある人が年配の男性層に偏っており、そういった年配の男性層＝野球好きという共通点があるという。

次に、タレントのマツコ・デラックスによる「野球部は十中八九クソ野郎」説も挙げておこう。マツコは、情報番組『5時に夢中!』(TOKYO MX、2017年8月7日放送)のなかで「よく名門野球部出身の人がこの世界にいますけどね、テレビとか代理店とか。だいたいほぼ十中八九クソ野郎」「野球なんかやっててもあんな人間しか育たないんだなっていう」と発言し、[2] ＳＮＳ上で話題を呼んだ。

これを受けて、ネットニュースを配信するＪ‐ＣＡＳＴは読者向けに「野球部出身者は『だいたい、ほぼ十中八九クソ野郎』。どう思いますか?」というアンケートを行い、結果は「野球部はクソ野郎ばっかり」「クソ野郎が結構いる」「多少はいる」をあわせて全体の９割を超える結果となった。[3]

テレビや新聞の世論調査に比べ、ネット調査は極端な結果が出やすいが、少なくとも日本において「野球」という文化、「野球部」という属性が、「性別＝男性」や「民族＝日本人」と似たような、社会的に権力を持ち、それ以外の人たちを抑圧するマジョリティである、という認識を持つ人たちは少なくないのである。

体育会系部活動の出身者が進学や就職で有利な立場を得やすかったことは、社会科学の研究でも明らかになっている。[4] これは日本だけの現象ではない。アメリカの学園青春映画では、しばしばアメフト部員（「ジョック」と呼ばれる）が学校内で幅をきかせ、文化部やオタク（「ナード」や「ギーク」といわれる）を虐《しいた》げる描写が定番となっている。

そういった恨みが現実世界で爆発してしまったのが、1999年にコロラド州で起こったコロンバイン高校銃乱射事件である。この事件では、ジョックの生徒たちやそのとりまきからいじめを受けていたナードの少年2人が学校で銃を乱射し、同高校の生徒12人、教員1人を殺害、さらに少年たちも自殺した。彼らは犯行の際、「All the jocks stand up!(ジョックどもは全員立て!)」と叫んだ。

日本で2015年に公開されたアニメ映画『心が叫びたがってるんだ。』では、スクールカーストの頂点に君臨し教室内で横暴を働く野球部員が、重要なキャラクターとして登場する。日本のサブカルチャーでは、アメリカの青春映画におけるアメフト部員に代わって野球部がそこに代入されるのである。

女子マネージャーは性差別?

野球文化においては「女子マネージャー」の存在も、しばしば性差別的であるとして問題化されてきた。そこで語られるのは、「女子マネージャーは性差別的存在であり、女子マネージャー自身も性差別構造の強化温存に加担している」というイメージである。

社会学者・高井昌吏《たかいまさし》の『女子マネージャーの誕生とメディア　スポーツ文化におけるジェ

ンダー形成』（ミネルヴァ書房、2005年）では、多くの女子マネージャー当事者の声を集めた上で、彼女たちが女子同士の関係を嫌悪し（ミソジニー＝女性嫌悪）、逆に男子同士の関係（ホモソーシャル）に惹かれたからこそ女子マネージャーを選択している、と分析される。

近年ではライターの武田砂鉄《たけださてつ》が、著書『マチズモを削り取れ』（集英社、2021年）のなかで、女子マネージャーという存在を批判的に論評している。同書は、担当編集者「Kさん」から送られてきた檄文《げきぶん》に武田が応答していくかたちで綴《つづ》られる。「Kさん」は、女子マネージャーがユニフォームの洗濯、飲み物づくり、グラウンド整備など選手のケアを主に担当しているとし、次のように疑問を呈《てい》する。

でも、一〇代から「女性が身の回りのケアをして当たり前」の環境で過ごした男性が社会に出て、その過去をきっぱり忘れ去り、女性と対等に向き合うことができるのだろうかと、「感動をありがとう」といった球児への感謝のツイートの群れを見ながら考え込んでしまいました。野球だけでなく、あらゆる体育会系の部活動において、マチズモ（引用者注：男性優位主義的な考え方のこと）の源泉、マチズモの原体験が潜んでいるのでは……と想像するのですが、いかがでしょうか?
すべての高校生が、否、すべての人が、誰かに「連れて行って」もらうのではなく、自分の意志で、自分の力で、行きたい場所にどこにだって行けるような環境で生きられたらいいのにと切に思います。[5]

これを受け、武田は大ヒットした野球漫画『タッチ』（あだち充《みつる》作、『週刊少年サンデー』で1981～86年まで連載）を引き合いに出し、さらなる批判を展開する。『タッチ』は発行部数1億部を超える野球漫画としては最大のヒット作で、双子の兄弟である上杉達也、和也、そして幼馴染の浅倉南の3人を中心に高校野球と青春が描かれた漫画だ。なかでも南の「甲子園つれてって」というセリフはよく知られており、高校野球の女子マネージャーの典型的キャラクターであると一般に思われている（実際はだいぶ違うのだが、長くなるのでここではあまり深入りしない）。武田は、先の『女子マネージャーの誕生とメディア』を引用しつつ、次のように述べる。

高井昌吏は、試合終了後に円くなって涙する部員が、監督に促されて女子マネージャーを慰労する拍手を送っていた例や、卒業時にユニフォームをプレゼントされて感動した女子マネージャーの例などをあげながら、女子マネージャーは戦う集団の中にいるのではなく、彼らとともに泣いているのでもなく、「男たちの感謝の気持ちによって心を打たれ、その結果涙し、感動している」（傍点原文）のであり、それは代替満足なのだとした。

（中略）

確かに浅倉南が欲していたのは、まさに「代替満足」そのものだった。（中略）「代替」の濃淡によって感動のボルテージが定まる。その調整弁を握るのは女子ではない。絶対に男子なのだ。[6]

あだち充『タッチ』（小学館）

ここから武田は、2014年夏の甲子園で起きた「おにぎりマネージャー事件」に触れる。春日部《かすかべ》共栄《きょうえい》の女子マネージャーが部員のためにこれまで通算2万個のおにぎりを握ったことが美談として報道され、逆にSNSユーザーたちからは「いまだに性別役割分業を肯定している」「それを美談にするメディアも時代遅れだ」と激しく批判された事件である。武田は次のように論を進める。

「代替満足」を得る方法を自分で選び抜く、というスッキリしない主体性に、外から何かを言うことはできるのだろうか。補助的業務に従事するという彼女の判断を否定することはできないし、その必要もない。そのポジションにおさまることを咎めるのではなく、そのポジションが微動だにせず「女性が身の回りのケアをして当たり前」になっていることに違和感を持ちたい。[7]

高井や武田らは、女子マネージャー個々人を批判することを周到に回避しながら、その自意識（自分が周囲からどう見られているかを気にする意識）のあり方を問題視する。ここで中心的な問題とされているのは、女子マネージャーのアイデンティティなのである。

『負け犬の遠吠え』などで知られるエッセイストの酒井順子《さかいじゅんこ》も、著書『男尊女子』（集英社、2017年）のなかで、女子校の同級生たちが大学に入って嬉々《きき》として運動部の女子マネージャーになっていく現象を、やはり彼女たちの自意識に着目して面白おかしく描いている。

マネージャーの自意識に着目するこのような問題化の仕方は、文化人たちの「手癖《てぐせ》」でもあるようだ。ここで私がさしあたって指摘しておきたいのは、自意識に過剰に着目することで、かえって現実に起きている問題の本質が見えづらくなっているのではないか、ということである。

個人主義と集団主義──『アルプススタンドのはしの方』

一般に、野球は体育会系の権化であり、体育会系は個人主義的ではなく集団主義的な文化だと理解されている。それを象徴するのが、2010年代後半に高校演劇界を席巻《せっけん》した『アルプススタンドのはしの方』という戯曲である。同作は2016年に兵庫県立東播磨《ひがしはりま》高等学校演劇部によって上演され、翌年の第63回全国高等学校演劇大会で最優秀賞を受賞、全国の高校でリメイク上演されるなど大きな人気を博し、2020年には映画化もされた。

この作品は、高校の野球部が夏の甲子園に出場したため応援に駆り出された4人の生徒たち（演劇部員の安田と田宮、元野球部員の藤野、成績優秀な宮下）による会話劇だ。野球部の試合が展開していくなか、甲子園球場のフィールド内ではなく応援席の「アルプススタンド」で、4人それぞれの心の変化が描かれる。

野球部が大会で勝ち進むと学校が「全校応援」を企画し、他の生徒たちが半ば強制的に駆

『アルプススタンドのはしの方』2020年公開（出演）小野莉奈、平井亜門、西本まりん、中村守里ほか（監督）城定秀夫

り出されるというのは、多くの高校でよくある光景だ。他の部活が勝ち進んでも全校応援など企画されないのに、なぜか野球部が勝ち進むと他の生徒が応援を強制される。こうした全校応援に対して批判的なスタンスをとる生徒の考えは、言葉にすると次のようなものだろう。

そもそも部活動は個人個人のやりたいことを出発点にしている。演劇が好きでやりたい生徒もいれば、野球が好きでやりたい生徒もいる。それはそれで個人の勝手で結構だが、文化部の大会には学校を挙げての全校応援なんてしないくせに、なぜ野球部だけが全校応援され、野球に興味のない他の生徒まで出席を事実上強制されるのだ。それに、なぜか野球部だけが試合をテレビ中継されたり、新聞報道される。こんなことは不公平ではないか――。

『アルプススタンドのはしの方』の登場人物たちも当初、こうした個人主義的なスタンスを明確にしている。しかし、しだいに野球部の選手たちの頑張りに感化され、自分は脇役ではなく、自分もまた「人生の主人公」であることに気づき始める――というふうに、本作のストーリーは進んでいく。

批評家の北村《きたむら》紗衣《さえ》はこの作品について、自身のブログで以下のように評している。

> 最初は高校野球の強制観戦に批判的だった２人が試合を見ることで成長するって、批判精神を持っていた生徒たちが学校という共同体の秩序に順応するプロセスを良いものとして描いた、極めて道徳的かつ共同体中心主義的な作品だ。まあ高校演劇で賞をとる作品なので、高校野球が日本でものすごく特権化され、それがさまざまな問題を生み出していることの批判はできないのかもしれない。興味がないことを無理矢理やらされていた演劇部の生徒たちが同級生を応援するようになるというのは、教育の一環として演劇をやっている人たちには美しい展開なのだろう。しかしながら私は高校時代、図書委員だった時、見たくもない野球を暑い日に見せられたイヤな思い出があり、高校野球がそういうふうに特権化され、生徒が観戦を強要させられているのはバカげていると当時から思っていたし、今はさらに強くそう思っている。[8]

北村はここで、個人主義と集団主義（共同体主義）を対置させている。野球部などの〈体育会系〉は集団主義的である一方、文化部などの〈文化系〉は個人主義的であり、そのために全校応援の集団主義的な性格に対して反発を示す、というわけだ。

しかし冷静に捉えれば、野球部員や体育会系の人々が必ず集団主義者であるわけでもなく、野球部員がみな「文化部の部員も俺たちの応援に全員が来るべきだ」と思っているとも考えにくい。ここで「強制」をしているのは野球部員ではなく、直接的には学校の教師たちであり、ひいては生徒たちの周りをとりまく「世間」であるだろう。

〈体育会系〉という進学・就職の裏ルート

ここで〈体育会系〉と社会構造の関係について触れておきたい。一般に、日本をはじめとした資本主義諸国は「メリトクラシー（能力主義、業績主義）」[9]を特徴としている。これは簡単にいえば勉強や仕事で「努力」をすれば報われる社会のことだ。メリトクラシーは、誰にでも開かれている、自由で平等な社会であるとされる。

だが日本において〈体育会系〉は、メリトクラシーに「寄生」していると捉えられる。野球で努力し、プロ野球選手になりお金を稼ぐこと自体はメリトクラシーに沿っているが、そうではない〈体育会系〉の人々はスポーツを梃子《てこ》に、一般学生ほどは勉強せずとも一流大学に進学して学歴を手にし、さらに実業団で競技を行うことを前提に大企業に入社し、競技力が衰えたときには「社業に専念」というかたちで安定的な雇用も保証されている。

また、必ずしも実業団でスポーツをすることを前提にせずとも、体育会系出身者は職業能力に優れているとして、就職先に恵まれることが多かった。マツコ・デラックスの言うように、特にテレビ・新聞・広告などのマスメディア業界には体育会系出身者が非常に多い。就職市場で「体育会系神話」とも言われる現象である。

非体育会系の人々は真面目に勉強や仕事をしてメリトクラシーの梯子《はしご》を登っているのに、〈体育会系〉は本来やるべき勉強や仕事に真剣に取り組まずとも、「裏ルート」で「良い人生」への梯子が用意されている。日本社会において、〈体育会系〉は、勉強という表ルートではなく、スポーツという「裏ルート」を通って、学歴や大企業への就職（そして終身雇用）を手にすることが容易である。いわば、日本のメリトクラシーを「ハック」しているのが〈体育会系〉という存在であるともいえる。

〈体育会系〉の人々が行っているスポーツでは「スポーツマンシップ」、すなわち正々堂々と戦うことが求められる。ところが現実の〈体育会系〉は、多くの人にとっての「やらなければならないこと」を回避し、裏ルートから日本社会のメリトクラシーの道をたどっており、「正々堂々」ではないアンスポーツマンライクな行動をとっていることになる。この矛盾が、〈体育会系〉が批判を集める根源的な理由のひとつだろう。

ＡＫＢ48と「青春の燃焼」

一方、〈体育会系〉はコンテンツビジネスとして、２０００年代以降に改めて脚光を浴びた。「汗と涙」を打ち出し２０００年代後半以降にメディアを席巻したアイドルグループＡＫＢ48は、高校野球をひとつのモデルにしていたことが知られている。プロデューサーの秋元康《あきもとやすし》は次のように語っている。

ＡＫＢ48で何を見せたかったかというと、やっぱりプロ野球ではなく高校野球なんです。内野ゴロでも全力でファーストに走ってヘッド・スライディングする姿を見せたい。つまり私らは、秋葉原の劇場で、東京ドームという名の「甲子園」を目指していた。[10]

２０００年代、多くの人たちが10～20代の女性アイドルたちの「青春の燃焼」に魅せられており、続く２０１０年代にはその影響源である高校野球がいかにコンテンツとして優れているかが、ビジネスの文脈でも盛んに語られるようになった。

だが２０１０年代半ばになると、高校野球のビジネスモデルを問題視する言説も見られるようになった。２０１４年夏にＹａｈｏｏ！ニュースで公開された、ジャーナリストの松谷《まつたに》創一郎《そういちろう》による「「残酷ショー」としての高校野球」という記事は、なかでも最も話題になったものだろう。松谷は、人間同士が殺し合ってサバイバルしていく様子が描かれる『バトル・ロワイアル』や『トゥルーマン・ショー』などの映画を例にあげ、これらの作品は「視聴者に対してアイロニカルな視線」が投げかけられるものだとする。

登場する視聴者は、残酷ショーの参加者たちの必死な状況を安全な場所から観て、勝手に感動して楽しんでいます。そのとき、視聴者の感動のために、参加者が殺し合いをさせられていることについては、顧みられることはありません。無責任なのです。

私が高校野球から連想してしまうのは、やはりこれらの作品で描かれるゲームの参加者と無責任な視聴者の関係です。[11]

ここで松谷は、夏の甲子園で選手たちが連投や過密日程などで過酷な状況に追い込まれている状況をデスゲームになぞらえている。2000年代以降のアイドルブームに伴う高校野球への再注目は、デスゲーム的な環境設定によってもたらされる「汗と涙」「青春の燃焼」をコンテンツ化することに対して、徹底的に無批判であった。2010年代に入ると、「体育会系的なもの」を無邪気に消費することの非倫理性が問われていくようになったのである。

〈体育会系〉〈文化系〉論が見えなくしたもの

ここまでは〈体育会系〉という言葉の背景についてあまり詳細に述べてこなかったが、ここで一旦、辞書的な定義を確認しておきたい。『広辞苑』では次のように定義されている。

たい‐いく‐かい‐けい【体育会系】運動部員のような気質・雰囲気があること。先輩・後輩の上下関係に厳しく、強い精神力と体力を重視することなどにいう。(『広辞苑』第7版)

過去の新聞報道をデータベースで確認すると、〈体育会系〉という言葉が一般に普及してくるのは戦後、1960年代である。当時は学生運動の時代で、社会改革を目的に大学当局や政府などの権力側に対して異議申し立てをしていく若者たちがいた。一方、大学側に立って学生運動から大学を守ろうとした学生もおり、そうした学生は運動部が多かった。もともと大学の運動部員たちは連合して「体育会」という学内組織を持っていたため、運動部を中心とした保守派の学生たちが〈体育会系〉と呼ばれるようになった。

一方、〈文化系〉という概念が生まれたのは1980年代以降であると考えられる。[12] 1960～70年代の学生運動の時代を経て「政治の季節」が終わり、80年代は若者たちがファッションや音楽、映像鑑賞などの娯楽消費を競う「消費社会」となった。こうした若者文化の変容（＝消費社会化）のなかで、社会運動やスポーツよりも、非身体的な文化活動を行う大学サークルが増加し、そうした若者たちが〈文化系〉と呼ばれるようになったのだ。同じく80年代には、青年期以降も漫画やアニメを愛好する人々（今では珍しくもないが、当時は新奇な存在だった）をさして「おたく（オタク）」という言葉も生まれたが、これも大雑把にいえば「文化系」と似た言葉である。

『広辞苑』の〈体育会系〉の定義では、「運動部員のような気質・雰囲気がある」ことが特徴とされている。現代の中高生のうち運動部員の割合は、中学校男子64・1％、女子49・8

%。高校は男子52・1%、女子33・5%である。[13] 日本人の2人に1人以上は〈体育会系〉経験者であるが、進学するにつれその割合は減っていく。[14] 一方、文化部の加入率は中学で約20%だが、高校で約25%と進学するにつれて若干増えていく。子どものときは〈体育会系〉が多いが、大人になるにつれて〈文化系〉が増えていくようである。

こうしたことをふまえ、〈体育会系〉〈文化系〉それぞれの一般的イメージの違いを改めて整理すると、次のようになるだろう。

〈体育会系〉は上下関係などを重んじる集団主義であり、思想傾向は保守（右派）である。思考法は精神主義・根性論を好み、心と身体であれば身体を重視し、男性的で大胆な振る舞いを好む。

一方、〈文化系〉は個人主義で、思想傾向はリベラル（左派）であって、論理的思考を好み、心と身体であれば心を重視し、女性的で繊細な振る舞いを好む。

こうしてさまざまな言説を振り返ってみると、〈体育会系〉の旗色は明らかに悪い。あいも変わらず男性中心主義的で、古臭い精神論を振り回しているだけで論理的思考ができず、保守的で変化を好まない。

	体育会系	文化系
社会観	集団主義	個人主義
思想傾向	保守（右派）	リベラル（左派）
思考法	精神主義	論理的思考
心身観	身体重視	自意識（＝アイデンティティ）重視
文化的指向	男性的（大胆）	女性的（繊細）

だが、こうした一般的な理解は、果たして現実を捉えられているだろうか？

「野球」や〈体育会系〉に対する批判には確かに一定の妥当性があるように思われるが、その語り口に果たして問題はなかったのだろうか。こうした〈文化系〉的な語り口がインターネットやSNSを通じて2000年代以降に普及したことで、逆に見えなくなっている問題があるのではないか、というのが私の見立てである。

マッコ・デラックスの言う「クソ野郎」が生み出される構造、それ自体を社会的な問題として捉え返すことも必要だろう。また、より俯《ふ》瞰《かん》的に「そもそもスポーツとは何か」「今の野球をはじめとした日本のスポーツ文化はどのような課題を抱えており、なぜそうなっているのか」という根源的な問いが、すっかり後景に退いてしまっているのではないか。そこで次章では、野球やスポーツをめぐる問題設定の再構築を試みたい。

1 たとえば、能町みね子の2016年12月1日のツイートなど。
https://x.com/nmcmnc/status/80425573835268096

2 「マツコ　業界にいる名門野球部出身者を激辛批評…だいたいほぼ十中八九クソ野郎」デイリースポーツonline、2017年8月17日
https://www.daily.co.jp/gossip/2017/08/07/0010442559.shtml

3 J-CAST「野球部出身者は「クソ野郎」だらけ　マツコ「超辛口発言」読者はどう見た」(https://www.j-cast.com/trend/2018/04/27327311.html）によれば、「そのとおり。『クソ野郎』ばっかりだと思う」3233票（34・7％）、「『十中八九』とまでは言わないが、結構いると思う」4487票（48・2％）、「多少はいると思う」1047票（11・2％）、「そんなにいないと思う」303票（3・3％）、「ほとんどいないと思う」130票（1・4％）、「そのほか、分からない」117票（1・3％）という結果だった。

4 東原文郎『就職と体育会系神話　大学・スポーツ・企業の社会学』青弓社、2021年

5 武田砂鉄『マチズモを削り取れ』集英社、2021年、188ページ

6 武田前掲書、189-190ページ

7 武田前掲書、191ページ

8 北村紗衣「台本はよく出来ているが、個人的に非常にいけ好かない映画だと思った～『アルプススタンドのはしの方』」Commentarius Saevus、2020年9月17日

https://saebou.hatenablog.com/entry/2020/09/17/001645

9　メリトクラシーは、日本語では「能力主義」や「業績主義」と訳される。前近代は貴族制度や職業の世襲など、生まれによって人生の自由度や収入、社会的地位が規定された。それに対して近代は、生まれに関係なく学校で勉強し、企業などで勤勉に働くことによってよりよい人生を生きることが可能になった。その近代社会はメリトクラシーという原則によって支えられているとされる。

10　秋元康・田原総一朗『ＡＫＢ48の戦略！秋元康の仕事術』アスコム、２０１３年、１１４ページ

11　松谷創一郎「「残酷ショー」としての高校野球」Ｙａｈｏｏ！ニュース、２０１４年８月31日公開
https://news.yahoo.co.jp/expert/articles/7f77acd488a0de0848a39bfcd19cf592485e0034

12　過去のさまざまな雑誌を収集しデータベース化しているライターのばるぼらに調査してもらったところ、非運動部系サークルを〈文化系〉と呼ぶ用法のもっとも古い例は、ミニコミ誌『フルハウス』１９８０年５月号である。その後、90年代から２０００年前後にかけて〈体育会系〉〈文化系〉という対比が雑誌文化のなかで定着したという。また、この問題に関してはライターの堀越英美による論考「家政婦はオタクＶＳサブカル論争に旧制高校生の亡霊を見た！」（『ユリイカ』２００５年８月増刊号）も重要であり、以降の私の議論はこの論考を大いに参考にしている。

13　笹川スポーツ財団「子ども・青少年のスポーツライフ・データ ２０２３ 中高生の健康・活動ニーズから考える運動部活動の地域移行／メンタルヘルスなど」
https://www.ssf.or.jp/thinktank/sports_life/datalist/2023/index.html

14　平成30年　文化庁「文化部活動の現状について」

https://www.bunka.go.jp/seisaku/bunkashingikai/kondankaito/bunkakatsudo_guideline/01/pdf/r1407482_03.pdf

第2章

現代の〈体育会系〉はどうなっているのか？

旧来の〈体育会系〉はもういない？

最初に、「体育会系神話」の実際についてみていこう。スポーツと職業能力を結びつける言説は近代イギリスで始まったものだが、日本では大正～昭和初期にかけてビジネスの世界で広く見られるようになった。産業構造の変化のなかで、当時はまだ数の少なかった大卒男性が事務職＝サラリーマンとして雇用され始めたのだ。[1] いわゆる「企業社会」のはじまりである。[2] 当時は平均寿命が40代であり、[3] 若くして亡くなる者も少なくなかったため、企業の採用担当者は身体を鍛えていて健康である可能性の高い、スポーツ経験者を優先的に採用したのである。

もうひとつ、スポーツ経験のある学生が優遇された理由として「思想的傾向」が挙げられる。当時の非運動部の学生たちのあいだでは、社会主義や共産主義の書物を読むことがブームになっていた。

一方、運動経験者は「団体精神」（要するにチームワークのことだ）に優れているとされた。特に昭和初期からは大恐慌で労働争議が頻発し、社会主義や共産主義などの「危険思想」への忌避《きひ》感が企業のあいだに広がっていった。[4]

日本では大正期の企業社会の誕生とともに、スポーツを経験している人間は職業人としても優秀であるという「体育会系神話」が形成された。それが戦後、企業社会のますますの成長とともに、拡大してきたのである。現在も、営業職を中心としたハードな業務を担当してくれる体育会系出身学生に対する企業の評価は一定程度、保たれている。

だが、こうした傾向は１９９０年代を境に大きく転換した。財界や教育界から「言われたことを忠実にこなしていく人材よりも、自ら課題を発見し解決していく人材が必要である」という声が強まったからだ（日経連『新時代の「日本的経営」』など）。これは、体育会系が重宝されていた特性＝「上からの命令に忠実である」ということが大きな意味をなさなくなることを意味していた。

かつて体育会系には厳しい上下関係があるといわれていた。70年代から２０００年代にかけて甲子園野球を席巻したＰＬ学園野球部は、「3年神様、2年平民、1年奴隷」といわれ、1年生が3年生の洗濯や食事などさまざまな身の回りの世話をさせられたり、「1年はマヨネーズ禁止」などの理不尽な決まり事を押しつけられたりしていたことが、一般にもよく知られている。しかしＰＬ野球部はその後、部員同士の暴力事件が続々と発覚したことから２０００年代を境に衰退し、現在は廃部状態になっている。[5]

他にも野球界の「脱・体育会系」の象徴的な出来事として、２０２３年の慶應義塾高校の夏の甲子園優勝が挙げられる。坊主頭ではなく短髪で、体調管理のために日焼け止めを活用するなどファッション面が特に注目されたが、これは監督の森林貴彦《もりばやしたかひこ》が「自分で考える野球」を徹底したことによって、副産物的に表れてきた現象のようだ。第1章で紹介した武田らが激しく批判した〈体育会系〉の姿はほとんど消えかかっている。

企業から評価される『もしドラ』的マネージャー

すでに触れたように、2010年代に「高校野球の女子マネージャー」という存在がメディア上で問題化されることが増えてきたが、現場ではすでに変化が起こっていた。岩崎夏海《いわさきなつみ》の著した『もし高校野球の女子マネージャーがドラッカーの『マネジメント』を読んだら』（ダイヤモンド社、2009年）という小説が200万部超えの大ベストセラーとなり、のちに映画化・アニメ化されたことを覚えている人は多いだろう。高校野球の女子マネージャーが経営書の古典であるピーター・F・ドラッカーの『マネジメント』を読み、その内容をもとに弱小だった高校野球部を強化していくという物語だ。

かつて学生野球のマネージャーは、選手の飲み物の用意、ユニフォームの洗濯、スコアブック記入、グラウンドの整備や補修など、いわゆる「雑用」的な業務が多かった。しかし近年は会計、渉外、渉内などの事務方の役割や、場内アナウンス、ビデオ撮影、データ分析など、より主体性を発揮できるかたちでの関わり方も増えてきた。いわば『もしドラ』が現実のものとなったのが２０１０年代という時代だった。

実際、近年の企業は、体育会系のマネージャー経験を高く評価する傾向にある。[6] 体育会系のマネージャーは段取りや調整の経験が豊富であるため、企業での業務に馴染みやすいと考えられているのだろう。

岩崎夏海『もし高校野球の女子マネージャーがドラッカーの『マネジメント』を読んだら』ダイヤモンド社

たとえば、私の所属していた大学野球部は年に一度、ＯＢ・ＯＧを招待しての総会が行われ、そこでは学生の会計担当者から予算報告がなされる。ＯＢ・ＯＧから集めた会費をどのように活用したのかや、チームの成績と、それに伴う今後の取り組みが学生から発表される。その準備には高い能力が必要になる。

最近は渉外（対戦相手や審判との調整）、渉内（ＯＢ・ＯＧ会との折衝）、会計担当者を女子マネージャーが担うことも珍しくない。大勢のOB・OGが居並ぶなか、会計の発表パートで女子マネージャーから説明があったのち、今後のチーム方針について男子の学生監督から報告が行われた。しかしOBからの質疑応答に、学生監督があまり要領を得ない回答をしてしまったのだ。すると会計担当の女子マネージャーが代わって見事な回答をし、会場を大いに沸かせた。これを見て、ある有名企業の重鎮社員であるOBなどは、「今すぐ我が社に!」などと興奮を隠さなかった(個人的には、それもどうかと思うが)。

企業側からすれば、漫然と選手をやっている〈体育会系〉男子よりも、目的意識を持ち、野球部での活動を自らのキャリアに活かそうとする意欲的な女子マネージャーに対する評価のほうが、遥かに高いようである。自分の関与の仕方を主体的に考え、自ら機会をつくり出していくマネージャーのほうが、現代の「自ら仕事をつくり出す」ことが求められるビジネス環境にマッチしている。これはいわば「新自由主義」ともいわれる、ここ数十年の社会変動のなかで起きてきた変化である。

自然科学系へシフトする体育会系

さらに近年の体育会系の変化について、現代大学生の就職事情に詳しい労働社会学者の常《つね》見陽平《みようへい》は次のように指摘している。

体育会系の学生を取材したことが何度もあるが、現在は極めて科学的、紳士的である。試合や練習は動画の録画が行われ、徹底した分析が行われる。作戦会議が何度も開かれる。練習や食生活も科学的な手法が用いられており、筋肉など身体能力を向上させる工夫がされている。(中略) 学年、役職を悪用して怒鳴りつけるようなことをせず、むしろ褒めることに力を入れる。叱り方も工夫する。よく体育会を物語る光景として、激しい飲み会などがあるが、それは弱い部の道楽だ。本気で勝つことにこだわっている部は、少なくともシーズン中は飲酒禁止だ。健康管理もそうだし、酔った勢いでの暴力などの不祥事を避けるためである。[7]

体育会系部活の現場では、野球における「セイバーメトリクス」のような統計学の知見や、医学、薬学、運動生理学、バイオメカニクス、栄養学の成果も積極的に活用されるようになった。身体操作の技法も洗練されてきており、多種多様なトレーニング方法が実践されている。

常見は別の記事で、大学の体育会系部活動で、ビデオチェックや科学的な筋力トレーニング、具体的な数値目標の設定がなされ、面談が重視されるなどの近年の潮流をふまえて「〃科学系〃ともいえるものにシフト」しているとする。[8]

一般に「文系」といわれる学問分野は、文学、哲学、言語学、芸術学などの「人文科学」と、法学、経済学、政治学、経営学、社会学などの「社会科学」に大きく分けられる。一方で「理系」といわれる学問分野は、物理学、化学、生物学、医学などで、これらは「自然科学」と呼ばれる。

どれも「科学」という接尾語がついているが、人文科学は人間、文化、社会、歴史、思想などを対象とし、解釈や分析、考察など、主観的な要素を含む方法を用いることが多いため、一般に「科学的でない」とみなされやすい。同じ「文系」とされるものでも社会科学は、人文科学と同じように「人間」というあいまいな存在を対象とする一方、客観的な要素——計量分析、法則性の探求、実証的研究が（一応は）重視されるため、「科学的である」とされたりもする。

他方で、自然科学は主に自然現象を対象とし、観察、実験、計測など客観的な方法を用いるため、「科学的である」と思われやすい。近年の体育会系は、少なくとも人文科学とはほとんど縁がなく、狭い意味での科学、つまり自然科学に接近しているといえる。[9]

ノンエリート体育会系の出現と「階層」の問題

体育会系の現場では新たな問題も起こってきている。スポーツ科学者の東原文郎《つかはらふみお》によれば、学生アスリート人口の合計は２００８年から17年までに17・３％増えており、陸上は24・８％、サッカーは30・６％、野球は２００７〜18年の13年間で45・０％の増加が見られるという。東原は、「体育会系」の人数自体が飛躍的に増えており、従来型の「エリート体育会系」と、そうではなく数も多い「ノンエリート体育会系」に分化した、と分析している。[10]

今も昔もブランド力の高い私立大学には「エリート体育会系」が存在しているが、現代では少子化のなかで学生集めに苦しみ、ブランド力でも苦戦する私立大学が、定員割れを防ぐためにスポーツ推薦によって生徒を集めている。これが「ノンエリート体育会系」だ。大学だけでなく高校でも同じような事情があると考えられる。[11]

近年、日本の最高峰である東京大学の入学者の家庭の世帯年収平均が９００〜１０００万円程度であることが広く知られるようになった。特に東京周辺の裕福な家庭が、子どもを小学校から塾に通わせて私立中高一貫校に送り出し、さらに早くから東大受験専門塾に通わせるなどして、子どもを東大へと送り出す構造が存在しているとされる。[12] 社会の正規ルート＝

メリトクラシーの梯子を登っていくためには「保護者の経済力」と「都市部在住」という階層的条件を揃える必要がある。これは日本の近代化を支えたメリトクラシーが機能不全に陥《おちい》っていることを意味している。逆に経済力がそれほどなく、地方在住の家庭の場合、公然と存在する「裏ルート」である体育会系という手段を使って社会を生き抜こうと考えたとしても、まったく不自然なことではない。

ライターの郡司貞則《ぐんじさだのり》は『高校野球「裏」ビジネス』（ちくま新書、２００８年）のなかで、野球をやりたい子どもたちをブローカーまがいの手法を用いて私立強豪校に集めていく構造が、高校野球のなかで広く存在していることを指摘している。少子化にあえぐ私立高校や大学が「スポーツ」や「野球」を用いて、「うちでは勉強はそれほどしっかりやらなくても、学校でスポーツができますよ」と声をかけ、学生を集めていくのである。

ノンエリート体育会系の増加は、「少子化」と「階層化」という、大きな社会変動のなかで理解される必要がある。そしてスポーツのなかでも「野球」をする体育会系学生の数が10年少々で約１・５倍となっているように、メリトクラシーの機能不全の応急処置として、野球をはじめとしたスポーツが活用される状況になってしまっているのだ。

「文武両道」の不在と企業スポーツ

私見では、日本の野球文化には特徴的な構造が２つある。

ひとつは学生野球における「文武両道」の不在である。「スポーツの能力で進学や就職が勝ち取れる」という構造は日本特有のものだ。たとえばアメリカの場合、いくらスポーツに優れていても、名門大学に入るには高校での高い成績が求められる。さらに大学スポーツではＮＣＡＡ（全米大学体育協会）という組織が学生アスリートのＧＰＡ（成績評価点）や単位取得状況を監視しており、基準に達しない場合は試合や練習への参加を許されない。[13] また、学業との両立のため活動時間も週20時間に制限されており、日本の大学運動部のように無制限に活動することができない。

もうひとつ、「社会人野球」という枠組みも日本的なものである。これはアメリカやヨーロッパではあまり見られないものだ。[14] 日本では、企業がスポーツに優れた学生を採用することは戦前から行われてきたが、当初は社業との両立が求められた。ところが戦後から現代にかけて、大企業であればあるほど、社業はほぼかたちだけでスポーツの活動に専念できるようになっている。

総じて、日本の高校、大学、企業のスポーツチームは、アマチュアとはいいつつ、競技に

テキサス大学オースティン校のアメリカンフットボールチーム「ロングホーンズ」のホームスタジアム「ダレル・K・ロイヤル・テキサス・メモリアル・スタジアム」。10万人以上を収容できる。大学のフットボールチームが、日本のプロ野球のどの球団よりも大きいスタジアムを持っている。

専念できるという意味では事実上の「プロ」である。また前述のように日本社会では、スポーツの業績が学歴や就職など別の価値に交換可能なものだと捉えられてきたが、「なぜそんな交換が可能なのか」という論理は相当に不明確であり、NCAAの成績基準のような社会的ルールも不在のままである。[15]

一方、アメリカでは「スポーツはやるべきことをやった上で楽しむもの」という姿勢が（一応は）堅持されてきた。この考え方は第5章で詳述する「アマチュアリズム」に則《のっと》ったもので、社会のなかでスポーツを成立させるための論理的な土台となっている。

もちろんアメリカの学生スポーツにも問題がないわけではなく、しばしば過度な商業化が議論の的になっている。[16] アメリカでは大学のアメフトチームが数万～10万人単位の観客を収容できるスタジアムを保有しているなど、巨額の収益を上げているチームもある。しかし、そうした大学スポーツによって得られた資金が、スポーツ施設の拡充だけでなく大学の研究・教育環境の整備拡充に充てられているケースも存在する。[17]

総じて言えるのは、アメリカの学生スポーツがさまざまな面で透明化を図り、スポーツの人気を活用して教育環境の充実につなげようとしているのに対し、日本の大学野球や社会人野球などは外からはメリットが見えづらく、その内実もブラックボックスに入ったままである、ということだ。

「戦後民主主義」「企業社会」で過剰に活用されてきた野球

すでに触れたとおり、批評家の北村紗衣は「高校野球が日本でものすごく特権化され、それがさまざまな問題を生み出している」と指摘した。私も半分は同意するが、むしろ注目したいのは、これまで日本社会で「野球」があまりにも過剰に活用されてきた、という側面である。

ひとつ例を出してみたい。神奈川県の県立相模原《さがみはら》高校は、公立有数の進学校でありながら、激戦区・神奈川で強豪校のひとつとして数えられ、監督の佐相眞澄《さそうますみ》はアマチュア球界でも尊敬を集める人物であった（25年1月に逝去）。

佐相は赴任当初、校長から「学校に核になる部がないからつくってくれ」と言われ、やがて2015年春の神奈川県大会で準優勝を果たした。佐相は、自身の指導が野球部員だけでなく学校全体に与えた影響を、以下のように語っている。

野球部が率先してあいさつや校内清掃する姿を見て、周りの子がまねし始めるんです。今は野球部だけじゃなく、学校全体で活気が違いますよ。そうしてみんな自分の学校に誇りを持てるようになっていく。勉強だけやっていても、母校愛なんて芽生えません。[18]

佐相は「部活動が学校を変える」ことを強調し、さらに次のように語る。

このまま部活動を軽視した流れが強まると、学校がただ勉強を教えるだけの場所になる。もちろん、部活動は課外活動ですが、グループの中で人間関係をつくり、自分を高めることができる。これ以上ない学びになるんですよ。

佐相は「学校は勉強をする場所」という価値観では学習塾と同じであり、学校であることの意味がない、とも述べている。これは戦後日本の教育現場で一般的だった「戦後民主主義教育」の裏面を言い表している。

「戦後民主主義」という言葉はさまざまな意味を持つが、大雑把にまとめるなら、戦前の抑圧的な社会への反省から、「国民主権」「基本的人権の尊重」「平和主義」の３つを柱にした日本国憲法をもとに社会をアップデートしよう、という試みだった。そして日本国憲法のもとで制定された教育基本法の精神に則って行われているのが「戦後民主主義教育」である。

体育学者、スポーツ社会学者の中澤篤史《なかざわあつし》は、かつて私が行ったインタビューで以下のように語った。

戦後民主主義教育という理念には、強制的にでも学ばなければならない授業だけでは、立派な人間は育たないんじゃないか、という考えがありました。そんな中で、スポーツや部活は、子どもが「自分はこれをやりたい」と思える希少な価値を持った対象として捉えられました。そこに戦後日本の学校教育の特徴があったわけです。そういった考え方は、理念としてはなかなか良いのですが、実践するには難しく、現実はおかしなことになってしまったわけです。[19]

つまり、戦後日本の学校教育において課外活動である部活動が非常に重視されてきた背景には、「教室での勉強だけでは主体性は養えない」という、戦後民主主義的な人間観があったといえる。

佐相が言うように、野球部員たちが率先して挨拶をし、清掃活動を行うことは、野球強豪校でも広く行われている。たとえ学校生活に積極的に取り組めない生徒がいたとしても、こうした野球部員たちの活動に感化され、前向きな姿勢を取り戻す――。

まさに『アルプススタンドのはしの方』で描かれた「道徳的」な光景そのものだ。野球部員たちは、その（坊主頭などの）戦前的な見た目とは裏腹に、「戦後民主主義教育の鬼子《おにご》」でもあった、と捉えることができる。

日本において野球は学校教育だけでなく、企業統治にも活用されてきた。いわゆるＪＴＣ（＝Japanese Traditional Company：日本の伝統的企業）で野球部を持つ企業は多い。しかし、社会人野球は明らかなコストセンター（利益を直接生み出さない部門）である。野球部の指導者や選手は社業はほとんどせずに、会社から給料をもらいながら野球に打ち込んでおり、たとえ都市対抗野球などの大会で勝ち進んだところで会社が儲かるわけでもないからだ。そのためバブル経済の崩壊以降、企業の社会人野球チームは続々と廃部になった。
日本を代表する大企業のひとつである日産自動車にもかつて野球部が存在し、強豪として知られていた。リーマンショックを契機として2009年に休部となっていたが、なんと2023年になって神奈川と福岡で復活することが発表されたのである。休部中の約15年間、社内では「野球部を復活させてほしい」という声が、繰り返し上がり続けていたという。日産の担当役員は復活の理由を以下のように述べている。

企業スポーツは選手だけではなくて、従業員やその家族、応援してくれる方々の志気を高め、一体感を醸成する力を持っている。で、私たちが仕事する上で忘れてはならない、大切なチャレンジスピリット、これも思い起こさせてくれます。両野球部の復活を通じて、風土改革や意識改革をより加速させて、従業員のエンゲージメントを高めていきたい。日産自動車にとっては、野球が一番良いのかなと考えております。[20]

何を言っているかわからない読者も多いかもしれないが、実際に都市対抗野球などの大会に行ってみれば、この発言の内実が実感できるだろう。都市対抗では多くの「有志」の社員が集まり、チアやブラスバンドや応援リーダーなど、社員たちが「主体的」にさまざまな応援方法を考案し、各企業独特の応援風景が繰り広げられる。２００９年の都市対抗決勝では、トヨタ対ホンダという日本を代表する自動車メーカー同士の対決が盛り上がった。特にＪＴＣといわれる大企業では恐るべきことに、たとえ野球部が会社に直接的なメリットをもたらさずとも、「社員の一致団結、士気高揚が図られる」という間接的な価値のもとで活用されている。

戦後日本は、戦後民主主義教育と企業社会（＝終身雇用・年功序列賃金を軸に、国家に代わって大企業が市民に福利厚生を提供する社会体制のこと）を柱に発展してきた。そのなかで、野球はあまりにも過剰に活用されてきた歴史があり、学校や組織の構造とも結びつきすぎているのである。

高校野球「女人禁制」の実相

２０１５年夏、福井県の羽水《うすい》高校で「女子マネージャーがノックを打っている」ということが話題になった。しかし翌春に県高野連が指導に入り、女子生徒が試合前のノックでグラウンドに立ち入ることが禁止され、このマネージャーは翌２０１６年夏の福井県予選でノックを打つことができなくなってしまった。[21] 続く２０１６年夏の甲子園では、事前の球場練習（甲子園練習）の際に大分県代表・大分高の女子マネージャーがユニフォーム姿でグラウンドに入ってノックの補助（ノッカーへの球の受け渡し）を行い、大会関係者が慌てて制止するという一幕があった。[22]

その後、「性差別ではないか」という批判が高まり、２０１６年末には条件付きで女子マネージャーのグラウンド立ち入りが許可され、２０２３年からは女子がノッカーを担当することもＯＫとなった。

高校野球を統括する日本高等学校野球連盟（高野連）は女子生徒の公式戦出場を禁止している。女子マネージャーのベンチ入りは96年になってようやく解禁されたが、今もベンチ入りできるのは１チームあたり１人に限定されている。

女子のグラウンドへの立ち入りを禁止する理由を、高野連は「危険防止のため」としか説明していない。スポーツ新聞「デイリースポーツ」の重松健三《しげまつけんぞう》記者はその理由として、野球経験のない女子がグラウンドに入ると送球や打球のスピードに反応して退避できないから、などとしている。[23] ところが高校野球の現場では女子マネージャーがグラウンドで練習補助をすることはごく普通に行われているため、明らかな矛盾が生じているのである。

総じていえるのは、高野連などの高校野球関係者は、明言こそしないものの「女人禁制《にょにんきんせい》」を信奉している、ということである。

日本では大相撲で「土俵は女人禁制」とされており、たびたび議論になる。日本相撲協会はその理由を「伝統だから」としか説明していないが、歴史上最初に登場する相撲の記述では女性が相撲をとっており、近世まで各地域で女相撲がごく普通に行われていた。大相撲の女人禁制は、明治維新以降の「創られた伝統」である可能性が高い。[24]

日本の野球において、女人禁制を行っているのは、実は高校野球だけである。プロ野球やその他の学生野球は「女子の参加禁止」という規定はない。中学野球でも、女子が男子と一緒にプレーしている光景はもはや珍しいものではなくなっている。

いわゆる甲子園野球は、これまで「少年たちの青春の燃焼」を消費コンテンツとして売り出してきた。しかしグラウンドの中に少女が入ってきて男女が混ざるようになると、これまで培《つちか》ってきた「甲子園野球」のブランドイメージが混乱を余儀なくされる。2021年から女子高校野球の決勝戦のみ甲子園で行われるようになったが、それでも男女が混ざり合ってプレーすることはない。高校野球が「女人禁制」を貫こうとする理由は、究極的にいえば「甲子園野球」ブランドの毀損《きそん》を恐れているからである（と、言い切ってしまおう）。

高野連や共同主催者の朝日新聞にとって、男女関係なくスポーツの価値を体感できるようになることよりも、今までの甲子園野球ブランドを守ることのほうが重要なのだ。高校野球「女人禁制」から見えてくるのは、「ブランドイメージを崩したくない」というビジネス上のホンネがひた隠しにされ、タテマエとして「危険防止」が持ち出されている、ということである。

運動から疎外される「スポーツをささえる人」

こうした野球における男女の「壁」について、いくつか思い当たることがある。

私の大学時代、野球部には女子マネージャーが何人かいたが、あるときマネージャーたちが運動不足であることが問題として持ち上がったことがあった。選手たちと違って座ったままの業務が多いからである。マネージャーとして野球部というスポーツ団体に所属していながら、「身体を動かす」ことによる心身の健康効果をほとんど享受できていないのは、冷静に考えれば奇妙なことである。だが、そのとき私たちはこの問題をそれ以上掘り下げることをしなかった。

いま考えると、たとえ女子マネージャーであってもキャッチボールやノックなどをして少し身体を動かしてもいいし、ランニングだっていいかもしれない。ノッカーだけでなく、ピッチャーの球を受けるブルペンキャッチャーを務めるという方法もある。試合の際にはランナーコーチを担当してもいい。いやいや、自信がついたら試合にも出るべきだ。そういう発想が、当時の私たちにはなかった。

もうひとつ、最近こんな光景を目撃した。私たちが草野球の試合をしている市民グラウンドの反対側で、少年野球チームのお母さんたちが野球の試合をしていたのだ。子どもたちは審判やバット引きなどをしている。おそらくチームの指導者の計らいなのだろう、その試合はプレーするお母さんたちも子どもたちも非常ににぎやかに盛り上がっていた。

これまで私はマネージャーや保護者など、女性で野球を「ささえる」人たちともそれなりにコミュニケーションをとってきた。そこでしだいに感じるようになったのが、この人たちは「野球をささえたい」だけでなく、実は「野球をやりたい」という気持ちを持っていたのではないか、ということだ。しかし、心の奥底で「やってみたい」と思っていたとしても、その気持ちに気づかないか、気づいてもすぐに「そんなの無理だ」と蓋《ふた》をしてしまうらしい。

高校野球の女子マネージャーや少年野球のお母さんたちのような「ささえる」役割を選ぶ人たちは、それ以前に実は「野球をやりたい」「身体を動かしたい」という思いがあったのかもしれない。そういった可能性は、もう少し真剣に考えられるべきだろう。

すでに見たように〈文化系〉の人たちはしばしば、女子マネージャーという存在を自意識（アイデンティティ）の問題に矮小化してしまう。だが、そんなことよりも遥かに問題なのは、男性は簡単に「する野球」にアクセス可能な一方で、女性が「野球をやってみたい」と言い出しにくいという素朴な問題であり、それはなかなか意識されない。ここにあるのは「スポーツ資源」の問題ではないだろうか。

「ネタ」としての暴力と坊主頭

社会学者の中村哲也《なかむらてつや》は、著書『体罰と日本野球　歴史からの検証』（岩波書店、２０２３年）のなかで、多くの部史・学校史や選手たちの自伝・体験談を収集し、日本の野球文化に特徴的な体罰などの暴力的指導がどのように発生したのかを検証している。

一般に、野球の暴力的指導、厳しい上下関係、高校野球の「坊主頭」は、戦前からの古い体質を引きずったもの、あるいは戦前の日本軍（特に陸軍）の体質を受け継いだものだとイメージされている。だが中村が明らかにしたのは、戦前期の学生野球にも暴力的指導や上下関係は存在したがそこまで厳しいものではなく、むしろ戦後になってこうした文化性が大幅に拡大したということだ。

ではなぜ戦後に、日本の学生野球文化が暴力的なものになったのかというと、中村はスポーツ設備や用具の不足を挙げる。

戦前はそこまで人気のなかったプロ野球の人気は戦後に急速に高まり、王貞治《おうさだはる》・長嶋茂雄《ながしましげお》らが牽引した巨人軍が黄金時代（V9＝9年連続日本一）を迎えるなかで、野球をやりたい中学生・高校生が野球部に殺到した。ところが当時の学校は、それだけの大量の部員に野球をやらせるだけのスポーツ環境が圧倒的に不足していた。そこで各校の指導者や上級生は、新入部員に対して無意味にも思える過酷な練習や理不尽な慣習を課し、ついてこれない者が自然に部活を辞めるように「ふるい落とし」をしていた。

坊主頭の（事実上の）強制もその一環であった。戦前まで10代の男子学生の髪型は坊主頭が一般的だったが、戦後はそのような社会通念もしだいになくなり、一般の男子中高生の髪型は自由になっていった。だが野球部の場合、坊主頭の事実上の強制を継続することで、「坊主頭以外の髪型にしたい」という希望を持つ生徒たちを「野球への本気度が足りない」ということでふるい落としていった。

「野球をやりたい」という生徒があまりにも多い一方で、学校側のスポーツ環境はまったく追いついていない——その需要と供給のアンバランスを調節する手段として、暴力的指導、厳格すぎる上下関係、坊主頭の事実上の強制がネタとして「活用」された。それが時代が降《くだ》ると「慣習」「伝統」としてベタに定着してしまったのである。ここではホンネとタテマエの乖離《かいり》、そしてネタだったものがベタになっていく構造があった。

私はこれまでジェンダーの問題を重視して論じてきたが、それは単に性差別構造を批判すべきという理由にとどまらない（もちろんその側面もあるが）。ここで指摘したいのは、高校野球につきものだった過酷な練習、理不尽な慣習、性差別の背後には、「スポーツ資源の不足」という問題があったのではないか、ということだ。ここでいうスポーツ資源とは、単純にグラウンドや用具などの環境面にとどまらず、野球などのスポーツをやってみたい人が、「本気度」をあまり試されずとも入っていける文化性、という意味合いもある。

性別、運動能力、年齢、「本気度」にかかわらず、「する野球」をやってみたい人々が機会を得られるまでに至っていなかったという問題を、野球界は適切に認識せず、アプローチしてこなかったのである。

「裾《すそ》野《の》」を切り捨てる野球界

ここで具体的なデータをおさらいしてみよう。

野球文化の「頂上」である日本プロ野球（以降、主催している日本野球機構の通称をとってＮＰＢと記載する）は、２０１９年まで観客動員数は右肩上がりであり、コロナ禍での一時の減少を経てその後はＶ字回復し、２０２４年は史上最多の２６６８万１７１５人を記録した。野球日本代表＝侍ジャパンの成績も、２０２１年の東京オリンピックで金メダル獲得、２０２３年の野球の世界大会ＷＢＣで３度目の優勝を果たすなど、めざましいものがある。日本野球の「頂上」は、商業的にも成績的にも過去最高の時代に突入しているといえる。

一方、夏の甲子園の観客動員数もかつては上昇し続け、２０１８年の第１００回大会で初めて１００万人を超えたが、コロナ禍以降はプロ野球のようなＶ字回復を見せていない。多くの理由が考えられるが[25]、甲子園野球の価値とされてきた「少年たちの青春の燃焼」が単なる「残酷ショー」だったことの自覚も、ファンのあいだには広がっているかもしれない。

ライターの広尾晃《ひろおこう》は『野球崩壊』（イースト・プレス、2016年）のなかで、小中学生の野球経験者が少子化を上回るペースで減少していることを指摘している。[26]高校硬式野球の部員数（男子選手＋マネージャー）は、2014年の17万312人をピークに、直近の2024年は12万7031人と、約25％の減少を示している。[27]

一方、女子硬式野球の競技人口は2015年の1519人から2023年は2937人と、8年でほぼ倍増している。野球界はこれを「男子は減っているが、その代わりに女子は増えている」と捉え、歓迎する声も少なくない。だが、野球だけでなく、野球に近いスポーツであるソフトボールも視野に入れると、事態の見え方は変わってくる。

これまで一般的に「男子は野球、女子はソフトボール」というイメージが根強くあった。全国の高校数4874校（2020年時点）のうち、男子硬式野球部のある学校は約4200校（2024年時点）[28]、90％近くの高校に存在する一方、女子ソフトボール部を持つ高校は約1200校で25％程度と、男子野球に比べるとかなり少ない。また、野球・ソフトボールを合わせた中学の女子部員数を見ると、野球部員数はたしかに増えているのだが、女子全体では減少している。[29]今まで「男子のもの」というイメージの強かった野球に挑戦する女子は増加傾向にあるものの、野球より入っていきやすい（と思われている）ソフトボールと合わせると、その人数は大きく減っているのだ。

次に、中学男子の状況を見てみよう。中学校の野球部は男女混合でほぼすべての部が軟式だが、男子野球部員の数は20年前と比べほぼ半減している。その一方、シニアやボーイズなど地域の硬式野球クラブチーム部員数（男女）は、２０１０年の５万５９９人から２０２２年の５万３５６３人と、約６％増加している。[30]

中学軟式男子の減少（20年前と比べ半減）、女子ソフトボール部員の減少（20年前に比べ３分の１以下）、女子硬式野球の急増（10年前と比べ倍増しているが全体の人数としてはかなり少ない）、中学硬式野球クラブチーム部員の増加（10年前と比べ約６％増）という現象が、並行して起こっている。

これらをまとめると、野球・ソフトボールをひとまとまりに考えたとき、気軽にやりたい「裾野」＝〝エンジョイ勢〟が急速に減少し、逆に「頂上」を目指す〝ガチ勢〟は増加傾向にある、ということになる。

中学硬式野球のクラブチーム（ボーイズリーグやリトルリーグなど）はかつて、甲子園やプロ野球を目指す一握りの野球エリートのためのものだった。他の「裾野」の子どもたちは、空き地や公園で行うキャッチボールなどの野球遊びから、地域のスポーツ少年団やソフトボールチームなどに入っていくというゆるやかな移行があった。しかし平成以降、空き地は減少し公園でのキャッチボールが禁止され、小中学生の場合はクラブチームという「スポーツの習い事」へと囲い込まれつつある。

現在、野球ライターたちは「野球の『裾野』の拡大が急務だ」と論じ、また現場の野球指導者も、「子どもたち」に野球をやってもらうために、あの手この手の工夫を凝らすようになってきている。これらの動きは結局のところ、一握りのエリート野球選手を育てるために早期教育を施す方向、すなわち「頂上」を高くすることを目指している。

そして高野連も、高校野球の「主役」はあくまでも少年であり、少女は補助的役割ないしファン、という立場を崩さない。これは一握りのエリートたちによる「見る野球」の振興、すなわち野球を消費文化としてしか捉えていないともいえる。

問題なのは「頂点」ばかりを重視する高野連やスポーツメディアのエリート主義に、野球界のみならず社会全体が慣れきってしまったことである。そこには「スポーツをやってみたい」と思う個々人を尊重する視点はほとんど見られない。野球を、スポーツをやってみたかった人たちをこれまでたくさん切り捨ててきたことを反省する視点を、野球界の人々は持ってこなかったのである。

神宮外苑再開発で加速する「スポーツの分業」

近年、文部科学省やスポーツ庁などの官公庁、地方自治体によって、スポーツを「する」「みる」「ささえる」の3つに分類する考え方が強調されるようになった。「する」はスポーツをプレーすること、「みる」は観戦すること、「ささえる」はボランティア活動などを通じてスポーツをサポートすることで、この3つの要素を尊重することが大切だ、というわけである。

この考え方に従うなら、マネージャーや控え選手などは「ささえる」側である。近年はマネージャーや控え選手がデータ分析などの新たな役割を見出していることが注目されるようになった。

学術研究の世界では、関《せき》めぐみが『〈女子マネ〉のエスノグラフィー　大学運動部における男同士の絆と性差別』（晃洋書房、2018年）で、こうした側面に注目している。かつて補助的な業務が多かった女子マネージャーのなかに、トレーナーとしての専門性を身に着ける者が出始めている。これがスポーツ内部の性差別を乗り越える可能性を持つ、というわけだ。

このように「ささえるスポーツ」という概念をもとに、実践者の主体的な取り組みに注目する観点は、たしかに重要ではある。だが「ささえるスポーツ」の過度な称揚《しょうよう》は、「するスポーツ」のためのスポーツ環境整備の重要性をさらに軽視することにつながりかねない。身体を動かす選手と、知的営為を行う人々（スポーツのプレー以外の部分で「ささえる」人々）が高度に――まるで工業社会のように――分業していくことで、これまで存在したスポーツ資源の未整備という問題がより一層放置されてしまうのではないか。

こうした潮流を端的に示しているのが、東京・神宮外苑の再開発計画である。神宮外苑エリアは神宮球場、国立競技場、秩父宮《ちちぶのみや》ラグビー場、東京体育館を持つ「スポーツの聖地」として知られているが、「するスポーツ」の場としても重要だった。一般市民が使える施設として、軟式野球場が6面、テニスコートが36面[31]、神宮球場のサブ球場で普段は打ちっぱなしゴルフ場として使われていた神宮第二球場[32]、バッティングセンター「神宮バッティングドーム」、アイススケート場、フットサル場などがあったのである。

神宮外苑の再開発計画の完成予想イメージ（神宮外苑地区まちづくりHPより）。中央右の広場は、現在ある軟式野球場6面を全廃して建設される予定である。それにより、左下の有名な並木道から、広場右奥の聖徳記念絵画館が一直線につながり、同館の存在感が際立つようになる。

しかし三井不動産、伊藤忠商事、日本スポーツ振興センター、明治神宮の4者による再開発計画では、神宮第二球場、軟式野球場6面、バッティングドームは全廃となる予定である。[33]神宮外苑地区まちづくり準備室によれば、軟式野球場をはじめとした「野球をする人しか利用できない施設」に代わって、誰でも入ることのできるオープンスペースの整備が計画されている。[34]

これまで神宮外苑は、野球、テニス、ゴルフを「するスポーツ」として楽しむ人々にとっては非常に使いやすい場所だった。都心の便利な場所で思う存分に練習や試合ができたからである。ところが再開発計画では新しい神宮球場や、屋根付きとなる秩父宮ラグビー場など「みるスポーツ」の商業性が拡大される一方、「するスポーツ」の実践場所としての性格が大幅に削られている。それに代わって、市民全員に開かれたユニバーサルな場——たとえば自由に公園でバドミントンができるような——にしていこう、という考え方が見られる。

さらに付け加えるなら、神宮外苑再開発計画には復古的な要素も見られる。神宮外苑は実は明治天皇の業績を称える「聖徳《せいとく》記念絵画館」を中心に設計されており、絵画館の前にはもともと中央広場があった。ところが１９４５年の敗戦でＧＨＱによって神宮外苑は接収され「ステートサイド・パーク」と改称、中央広場はソフトボール場に改造された。接収は１９５２年に解除されたが、ソフトボール場は6面の軟式野球場に転用されて今に至っている。[35]

したがって、今回の神宮外苑再開発計画は、アメリカによって勝手につくられた「不敬」な野球エリアを一掃し、本来の目的だった明治天皇を顕彰する場に戻そうとする試みでもあるのだ。

「する・みる・ささえる」のいびつな関係

私の考えでは、スポーツは「する」が非常に重要であり、その実践を通じて「みる」「ささえる」の重要性が認識されるものであって、単純に3要素の分業を進めればスポーツが文化として豊かになるというものではない。

「するスポーツ」の実践は、「みるスポーツ」にもより大きな喜びをもたらす。たとえば野球を「する」経験を蓄積していれば、大谷翔平のバッティング、山本由伸《やまもとよしのぶ》のピッチングの何がすごいのかを、より高い解像度で理解することができる。そこには、テレビのスポーツ報道が繰り返す「感動をありがとう」式の紋切り型ではない、別の種類の感動が生まれる。

また、するスポーツの実践によって解像度が高まると、野球のプレーヤーたちが一体何にどんなかたちでチャレンジしているのかを見ることができるようになる。単純な「上手／下手」や「勝った／負けた」ではない、一見クオリティの高くないプレーにも、その人なりのチャレンジを読み取れるようになる。一人ひとり、もともと持っている身体能力が違うなかで、自分の今の限界を把握し、それを少しでも越えようというチャレンジにこそ、スポーツの本質的な価値が宿っている。このことが体感できるようになれば、「みる」だけでなく、スポーツ仲間やトップ選手の応援、つまり「ささえる」ということも可能になる。

現在、「するスポーツ」の文脈ではランニング、筋トレ、ヨガなどの間口の広い運動の実践者が増えており、さらにはカルチャー要素が強いスケートボード、ボルダリング、サーフイン、パルクールなども注目されている。これらはニュースポーツあるいはライフスタイルスポーツと総称される。

一方、野球、サッカー、ゴルフ、テニスなどの旧来型スポーツは専用の場が必要で、地形の改変も求められることから旗色が悪くなっている。

私は必ずしも、ライフスタイルスポーツは優れており、旧来型スポーツが劣っていると言いたいわけではない。そのような比較よりも重要なのは、人間とスポーツがどのような関係を取り結ぶのか、という問いである。


私は、現代の〈体育会系〉にまつわる問題が、文化人たちが議論したがるアイデンティティの問題以前に、階層化、メリトクラシーの高度化など、いわば「新自由主義」と関連して起きてきていることを述べてきた。これは同時に、野球などのスポーツと公共空間との関わり方の変化とも関連している。

〈文化系〉の人々のアイデンティティ問題への過度な着目は、問題化のポイントが明らかにズレており、スポーツの抱える問題の複雑さから目を背けさせるように機能してしまう。また、第８章で詳述するが、彼ら彼女らの議論は近年の医学研究でもますます明確になりつつある「運動は人間に必要不可欠なものだ」という自然科学的認識をまったく欠いているため、その議論は不必要どころか有害でさえある。

一方、〈体育会系〉の典型と批判される野球界の側も、する・みる・ささえるのいびつな関係を放置してきており、「頂上」ばかりを見て「裾野」をどう豊かにするかに目を向けてこなかった。そこに性差別や商業性の拡大、する・みる・ささえるの過剰な分業などの問題が絡んできているのである。

野球をただの消費物としてのみ見るのであれば「頂上をいかに高くするか」の議論をしていればよかったが、それでは野球という文化のポテンシャルを充分に引き出すことにはつながらない。今ある日本野球というものを、より良い方向に発展させていくための議論が必要である。

私たちがなかなか本質的な議論にたどりつけないのは、近現代日本においてもっとも存在感の大きかった野球というスポーツの歴史に関する知識を、ほとんど持っていないからだと考えられる。野球にどんな思想や哲学があったのかという、いわば「人文社会科学」的な見通しを持つことが必要である。

ただし、これまでも時折言及したように、日本野球の歴史は「アメリカ」と切り離せるものでもない。そこで、まずは次章でアメリカでの発生経緯を見ていきたい。

1　明治～大正期まで日本人の働き手は自営業者が多かった。

2　企業社会とは、企業が国家に代わって雇用とともにさまざまな福祉を社員に提供する社会のこと。このような社会形態は大正～昭和初期に生まれ、戦後になってからは終身雇用・年功序列賃金という仕組みを軸にますます拡大した。（渡辺治『現代日本の帝国主義化　形成と構造』大月書店、１９９６年。渡辺治「企業社会日本の再編成」https://hermes-ir.lib.hit-u.ac.jp/hermes/ir/re/7538/sports2000000960.pdf）

3　もっとも、この数字は乳児死亡率が高かったことも影響している。明治、大正、昭和戦前期の20歳時点での平均寿命は男女ともに60歳前後である（厚生労働省「平均余命の年次推移 https://www.mhlw.go.jp/toukei/saikin/hw/life/19th/gaiyo.html 」）。なお。余命が大きく伸びて70～80歳代になるのは１９６０年代の高度成長期以降のことだ。

4　東原文郎「〝体育会系〟神話の起源：近代日本が求めた有用な身体」寒川恒夫編『近代日本を創った身体』２０１７年、大修館書店

5　〈体育会系〉という意味では、野球ではなくラグビー界での動きが象徴的である。帝京大学ラグビー部

前監督の岩出雅之は、最上級生である4年生に雑用を行わせるようにした。チームの風土改革としてはかなりの荒療治だが、こうした改革が選手たちに「しきたりに従うのではなく自主的に考える」姿勢を徹底させたのか、帝京大ラグビー部は大学選手権9連覇を達成した。体育会系的上下関係をこのように荒療治で改革することを岩出は「体育会系イノベーション」と呼んでいる（岩出雅之『常勝集団のプリンシプル』日経ＢＰ、２０１８年）。

6 就活探偵団「体育会の就活、マネジャーが人気　段取り力を評価」日本経済新聞、２０２２年７月20日
https://www.nikkei.com/article/DGXZQOUC048AA0U2A700C2000000

7 常見陽平「理不尽がまかり通る職場を「体育会気質」と呼んでいいのか」労連リポート、２０１６年12月15日
http://ictj-report.joho.or.jp/1612/tsunemi.html

8 常見陽平「「文化系」がひと昔前の「体育会系」になっている」現代ビジネス、２０１９年11月21日
https://gendai.media/articles/-/68551

9 ただし、行動経済学、（公衆衛生学を前提とした）予防医学、認知科学などは、人文科学、自然科学、社会科学すべての要素が必要とされる学際的な学問分野であり、近年特に注目が高まっている。

10 飯田一史「「体育会系は就職に強い」神話が崩壊した〝根本原因〟」現代ビジネス、２０２１年９月30日
https://gendai.media/articles/-/87776

11 松谷創一郎は90年代以降、甲子園出場校の私立の割合が大きく増えたことを以下の記事で指摘している。
松谷創一郎「〝プロ部活〟のための夏の甲子園――ますます空洞化する「教育の一環」」Ｙａｈｏｏ！ニ

ュース、２０１７年8月6日
https://news.yahoo.co.jp/expert/articles/9aa77b7da6f5898db7f6cdbabd15826de401e3f0

12 おおたとしまさ『ルポ塾歴社会』幻冬舎新書、２０１６年

13 最近は日本の野球強豪校でも文武両道を求める動きが強まっているが、アメリカのＮＣＡＡのように全国のアスリートに対して成績基準を課すような仕組みは存在していない。

14 ただし、韓国では日本と同じような企業スポーツの枠組みが存在する。

15 近年、日本ではＮＣＡＡに倣って学生アスリートの学業とスポーツの両立を支援するＵＮＩＶＡＳという組織ができたが、現段階では情報収集や分析にとどまっている。ＮＣＡＡのように、一定の学業成績を満たしていない学生の活動を制限するような制度は導入されていない。

16 たとえば大学アメリカンフットボール部の指導者には巨額の年俸が支払われていることが知られている。

17 Larry Lage《How the decision to pay college athletes is impacting costs for fans》, AP News、２０２４年11月４日
https://apnews.com/article/nil-college-boosters-67da0dc7cc98f6508915b36d629c99ec

18 菊地高弘、Ｙａｈｏｏ!ニュース特集編集部「高校球児は「練習しすぎ」なのか——時間短縮で問われる「効率」」Ｙａｈｏｏ!ニュース、２０１８年7月29日
https://news.yahoo.co.jp/feature/1035/

19 体育学者・中澤篤史インタビュー『Amazing で Crazy な日本の部活』第2回：「「メンバーによる自主的なマネジメント」にこそ部活の価値がある?」Daily PLANETS、２０１６年４月12日

20 小堀隆司「リーマンショックから15年…日産自動車がこの時代に野球部の活動再開を決めた理由とは？「全国一になる夢を描いて」」ＮｕｍｂｅｒＷｅｂ、２０２３年９月22日
https://number.bunshun.jp/articles/-/858964

21 「【高校野球】カワいすぎるＪＫ神ノッカー　プロ顔負けの〝美スイング〟が大評判」東スポＷｅｂ、２０１６年７月９日
https://www.tokyo-sports.co.jp/articles/-/149990

22 「大分の女子マネが甲子園のグラウンドに　大会関係者慌てて制止」デイリースポーツｏｎｌｉｎｅ、２０１６年８月２日
https://www.daily.co.jp/baseball/2016/08/02/0009345759.shtml

23 重松健三「女子をグラウンドに立たせられない理由」デイリースポーツｏｎｌｉｎｅ、２０１６年８月２日
https://www.daily.co.jp/baseball/2016/08/02/0009347179.shtml

24 吉崎祥司、稲野一彦「相撲における「女人禁制の伝統」について」『北海道教育大学紀要 人文科学・社会科学編』第59巻第1号、北海道教育大学、２００８年８月、71‐86ページ
丸山淳一「大相撲「土俵は女人禁制」歴史が教える意外なワケ」読売新聞、２０１８年５月20日
https://www.yomiuri.co.jp/column/japanesehistory/20220214-OYT8T50147/

25 以前は無料だった外野席が全席有料化され、格安だった内野席のチケット価格が上昇したことも大きな理由だと考えられるが、おそらく直接的な原因として大きいのは関西の夏の気温上昇である。甲子園球

26 場から一番近いメガシティである大阪の平均気温は100年で2・6度上昇しており、選手はもちろん観客の観戦環境もかなり悪化している。

27 直近のデータを見ると高校野球の部員登録者数も、2014年に過去最多の17万人を記録したが、直近の2024年には12万7000人と、約25％の減少を記録している。

28 日本高等学校野球連盟「部員数統計・硬式」
https://www.jhbf.or.jp/data/statistical/index_koushiki.html

29 日本高等学校野球連盟「加盟校部員数・硬式」
https://www.jhbf.or.jp/data/statistical/koushiki/2024.html

30 「データから読み解く女子野球の拡がり～中学野球部編～」ヴィヴィナル
https://vivinaru.com/2022/06/22/data-chutairen/

31 日本野球協議会　普及・振興委員会「野球普及振興活動状況調査2022」
https://npb.jp/kyogikai/report_promotion_2022.pdf

32 神宮外苑テニスクラブに室外21面、室内8面、秩父宮ラグビー場の付属コートが8面ある。

33 こちらはすでに取り壊しが完了している。

球場史 - 明治神宮野球場（http://www.jingu-stadium.com/about_kyujo/history/history_02.html）。また、新宿区景観まちづくり審議会の資料（https://www.city.shinjuku.lg.jp/content/000299946.pdf）によれば、「GHQの接収によって、軟式野球場が整備され、創建当初の景観を喪失」されたことが強調されている。

34 神宮外苑地区まちづくり公式サイトのＦＡＱ（https://www.jingugaienmachidukuri.jp/faq/）より。

35 もともとは相撲場もあったが、１９６１年に新たにその場所に神宮第二球場が建設されている。これに関してはアメリカ占領統治の直接的な影響ではなく、戦後の学生野球の急速な拡大によるニーズに応えたものである。

第3章

アメリカの「創られた野球神話」

虚構の上に成り立つアメリカ野球創生記

野球の祖国はアメリカである、と一般には思われている。アメリカで野球は「National Pastime（国民的娯楽）」と呼ばれており、「アメリカ人を理解するには、野球を1試合見ればいい」とすらも言われるぐらいだ。

ニューヨークの中心部マンハッタン島から約３００キロ離れた場所に、クーパーズタウンという田舎町がある。ここには野球文化に貢献してきた人々を顕彰する「アメリカ野球殿堂」と、クラシカルな野球場「ダブルデイ・フィールド」があり、２００８年まではＭＬＢのチームによる記念試合も行われるなど、年間30万人もの野球ファンが訪れる「アメリカ野球の聖地」である。なぜここが聖地なのかというと、長らく「野球発祥の地」とされ、以下のような伝説が語られていたからである。

19世紀前半、この自然豊かな町クーパーズタウンに一人の青年がいた。名をアブナー・ダブルデイという。祖父はアメリカ独立戦争の勇士で、父は下院議員という名門一家の出身だった。彼は軍人養成の超エリート校である合衆国陸軍士官学校（United States Military Academy。所在地の地名をとって「ウェストポイント」という名前でアメリカ国民に親し

アメリカで行われた初期の野球の様子を再現したジオラマ。今のようなユニフォームはまだなく、ごく普通の洋装でプレーしていたことが表現されている。（公益財団法人　野球殿堂博物館）

まれている）に進学し、軍の将校となる。やがてアメリカでは奴隷制の存廃をめぐって北部と南部が対立し南北戦争が勃発、ダブルデイは北軍の将校として開戦のきっかけとなったサムター要塞の戦い（1861年）を指揮し、その後の戦いでも数々の戦功をあげた。

実はダブルデイは青年時代の1839年、クーパーズタウンで地元の仲間とともに初めて野球の試合を行った。その新しいゲームはアメリカ各地に広がっていった。南北戦争では北軍・南軍ともに軍の駐屯地などで野球をプレーし、ときには北軍・南軍の兵士たちがともに試合を楽しむこともあったという。

エイブラハム・リンカーン大統領の指揮のもと、戦争が北軍の勝利に終わると、戦った兵士たちは全米各地に帰っていった。彼らは故郷の人々に戦地で覚えた野球を伝え、分断を乗り越えたアメリカ合衆国の象徴的なスポーツとなっていった——。

結論から言えば、この話は虚構であったことが明らかになっている。この説の出どころは20世紀初頭である。

当時すでにメジャーリーグベースボールが人気となっているなかで、野球の起源が問題になった。もともとメジャーリーグのスター選手で、引退後に野球用品などを扱うスポーツメーカー「スポルディング SPALDING」[1]を起業したアルバート・スポルディングの掛け声のもと、当時ナショナル・リーグ会長だったアルバート・ミルズを中心に「ミルズ委員会」が組織され、委員会は全米から野球の起源にまつわるエピソードを募集した。

ミルズ委員会は、寄せられたたくさんの手紙のなかで、アブナー・グレーブスという老人の手紙に注目した。グレーブスは「自分の青年時代の１８３９年、クーパーズタウンでダブルデイが、それまでにあったタウンボールという競技を改定し、仲間たちとベースボールという新しいスポーツを楽しんだのを見た」と証言したのだ。これに注目したスポルディングやミルズは、「野球はニューヨーク州の田舎町クーパーズタウンで、若き日のダブルデイ将軍によって始められた」という「神話」を採用することになる。

野球の起源は「イギリスの牛飼いの女性」

では、野球の本当の起源はどのようなものだったのだろうか。野球史家の佐山和夫《さやまかずお》は、ベースボールの源流は、14世紀からイギリスの牛飼いの女性たちがプレーしていたストゥールボールというゲームに遡《さかのぼ》る、という説を提示している。[2] ストゥールとは背もたれのない腰掛け椅子のこと（日本でも「スツール」と呼ぶことでおなじみである）で、ストゥールボールはストゥールを逆さまにして、それを野球におけるストライクゾーンのように使って行われた。投手はストゥールに当てるようにボールを投げ、打者はストゥールに当てられないようにして打ち返すのである。これが近世にかけてベースボールの原型となる「ラウンダーズ」というゲームと、クリケットに分岐していったと考えられる。

ラウンダーズは今もイギリスや旧イギリス植民地でプレーされており、女性中心のスポーツとして知られている。その姿は、現代においてはジェンダーレスの先進的スポーツのようにも、逆に古式ゆかしくストゥールボールの伝統を守っているようにも見える。

ラウンダーズをプレーする女性たち（イングランドラウンダーズ協会公式サイトより）

イギリスの「イングランドラウンダーズ協会」に、この競技についてメールインタビューを試みたところ、デジタル分析・調査担当役員のキャスリン・バーカー氏から以下のような回答を得ることができた。

ラウンダーズは、バットとボールがあればどこでも楽しめる、とても身近なスポーツです。特定のピッチを用意しなくても、家族みんなで参加できるので、夏には多くの家族がビーチでプレーしています。年齢を問わず、楽しいスポーツとしてプレーすることができますし、身体能力に応じてプレーを変化させることができるので、歩いてのプレーや車椅子での参加も可能です。

ラウンダーズは男女を問わずプレーすることができ、英国では伝統的に学校で教えられ、学校を卒業した後も社交、もしくは競技としてプレーする人がいます。60代、70代でもプレーしている人がいます。ケニア、アメリカ（具体的にはロサンゼルス）、ドバイ、その他インターナショナルスクールを持つ地域の学校で教えられています。

バーカー氏はラウンダーズというスポーツは、老若男女や身体能力の高低にかかわらないユニバーサルなスポーツであることを強調している。

もともとミルズ委員会の調査時にも「野球の起源はイギリスのラウンダーズである」という説は存在したが、スポルディングやミルズは採用しなかった。誰か一人の象徴的な人物が始めた、ということにしたかったのだろう。しかしスポーツのような身体文化は、過去のさまざまな人々の営みの上で成り立っているものであり、その起源を一人の人物だけに背負わせることはできない。野球も実際には誰か一人の創始者によって始められたわけではないのである。

バット・アンド・ボール・ゲームとフットボール

ベースボールやラウンダーズは、クリケットなどと合わせて「バット・アンド・ボール・

ゲーム」に分類される。それと対称的なスポーツが、サッカー／ラグビーなどの「フットボール」である。

ヨーロッパでは中世から、「マス・フットボール」と言われる、サッカーやラグビーの起源になった戦闘的なゲームが存在した。村の人たち同士が、村の入口同士をゴールに設定して、そこでボールを運び合うというものだ。

ポーランド出身の社会学者ノルベルト・エリアスは、マス・フットボールでは山、丘、川、森など起伏に富んだ地形がフィールドだったことを記述している。[3]昔はスポーツのための専用のフィールドをつくろうという発想がなかったのだ。ときにフィールドに騎兵（！）を配置することもあり、ゲームの最中はごく自然に暴力が用いられ、対戦するのは2チームではなく3チームの場合もあった。マス・フットボールは村同士のお祭りであると同時に、戦争をカリカチュアライズ（戯画化）したものでもあった。あまりに民衆の混乱と興奮が高まりすぎることから、中世ヨーロッパでは国王・貴族などの為政者たちによってたびたび禁止令が出された。

実は古代ローマ時代から、マス・フットボールとよく似た「ハルパストゥム」という戦闘的なゲームが存在した。その名残りは、イタリアのフィレンツェで今も行われている「カルチョ・ストーリコ・フィオレンティノ（Calcio storico fiorentino）」に見て取ることができる。この競技は平坦かつ長方形で囲い込まれたフィールド、ゴール、ボールを使うため、見た目はサッカーやラグビーに似ているが、プレーヤー同士がボールと無関係な場所で殴り合いやレスリングのようなことをしているのだ。[4]

フットボールのような人と人がぶつかり合う（ボディコンタクトがある）スポーツを「コンタクト・スポーツ」と言う。フットボールは、比較的力が強い男性的なイメージを背負わされていた。これが中世以降にイギリスの貴族の息子たちが通う男子校「パブリックスクール」でプレーされるようになり、やがて19世紀には専用のフィールドでルールのもとに競い合うスポーツとして整備され、「サッカー」や「ラグビー」になっていった。

かつてのような戦闘的ゲームは、時代を追うごとにルールによって暴力性が縮減され、洗練されていった。このように、時間的に非常に長いスパンで暴力が抑制されていく過程のことを、エリアスは「文明化（Civilization）」と表現した。

一方、フットボールとは対照的に、バット・アンド・ボール・ゲームは、身体のぶつかり合いがない「ノンコンタクト・スポーツ」である。それゆえ、当初は女性にもやりやすいスポーツとして人々に認識されており、戦争のカリカチュアというより、気晴らしの性格が強いゲームだったと考えられる。

イギリスのラウンダーズからアメリカのベースボールへ

やがて15世紀の大航海時代を経て、ヨーロッパ人がアメリカ大陸を「発見」し、移住が進められていく。イギリスでゲームとして楽しまれたラウンダーズは、16〜17世紀にかけてイギリス人が北米大陸に移住していくにつれて当地でもプレーされるようになった。

イギリスの植民地となった北米では、早くから自治が発展した。現在のアメリカ合衆国では州によって法律も違う。たとえば、死刑制度がある州とない州、中絶が認められている州とそうでない州があるが、これは地方分権が近世以来の伝統として根づいているからである。そんな北米では、町の行政について市民が話し合う「タウンミーティング」が行われた。その際に、老若男女で集まってラウンダーズをプレーしたことから、ラウンダーズはやがて「タウンボール」と呼ばれるようになり、競技性も微妙に変化していった。

1776年、北米の植民地の市民たちはアメリカ独立宣言を出し、独立戦争を戦ってイギリスから独立を果たし、アメリカ合衆国を建国する。アメリカの市民たちは、君主制のイギリスとは違う民主主義的な国家（＝共和制）であることをアイデンティティとしていく。当時、共和制を敷いている国家は、市民が王政を打倒し革命を成し遂げたばかりのフランス、そしてアメリカ合衆国ぐらいしかなかった。

本国イギリスでは17世紀にバット・アンド・ボール・ゲームとしてクリケットが盛んになっていた。クリケットもラウンダーズ＝タウンボールもボールをバットで打つのは同じだが、大きな違いを挙げるなら、クリケットはヒットを打てないと再び打席に立つことができない。また、クリケットは正式にやろうとすると何日もかかり、試合の途中にはティータイムなどもある。こうした優雅さは、有閑《ゆうかん》階級＝貴族制度のアナロジーだと考えられた。[5]

一方タウンボールは、ヒットを打てなくても誰もが平等に打席に立ち続けることができる。本国イギリス＝貴族制＝クリケット、アメリカ＝民主主義（共和制）＝タウンボールだと捉えられたのである。おまけに、タウンボールは数時間で終えられるため都市のビジネスマン向きのスポーツだった。そのため18〜19世紀のアメリカ人は、クリケットは自分たちのものではないが、タウンボールは自分たちのアイデンティティが表現されるスポーツだと捉えたのだ。

１８４０年代のアメリカでは都市化が進み、都市で商業に従事する、現代日本のサラリーマンに似た職業形態＝ホワイトカラーが生まれていた。しかし農村部で農業牧畜に従事する人たちと違い、都市のホワイトカラーはデスクワークが中心で、「座りっぱなし」である。それが健康に悪いということで、都市労働者の運動不足を解消するためタウンボールがプレーされた。やがてニューヨークのアレクサンダー・カートライトというビジネスマンが、地元のボランティアの消防団を組織して「ニッカボッカーズ」というチームをつくり、現代のベースボールにつながるルールを整備した。

ただ、カートライトがベースボールの創始者であるかというと、そうとも言いきれない。ラウンダーズ＝タウンボールは、イギリスでは「ベースボール」と呼ぶ場合もあった。その名前がイギリスから北米東海岸に輸入され、カートライトたちがルールを改めて整備し、そのルール「ニューヨーク・ゲームズ」が、現在のベースボールの土台となった。

「女子どもの気晴らし」から「成人男性の競技」へ

カートライトたちが定めた「ニューヨーク・ゲームズ」は、そのまま現代野球のルールになったわけではない。彼らはグラウンドのサイズや、ファウルのルール、三振のルール、スリーアウトで攻守交代などを明文化しただけである。[6] ニューヨーク・ゲームズが現代と大きく違うのはたとえば、投球が下投げに限定されていたこと、フライやライナーはワンバウンドで捕球してもアウトになったこと、21点先取で勝利とされたことである。

それ以前のラウンダーズ＝タウンボールとニューヨーク・ゲームズとの大きな違いは、守備側が走者にボールを直接当ててアウトにする行為「ソーキング」が禁止されたことだ。もしソーキングを今の野球で行ったら暴力的な行為だと感じる人が多いはずだ。ところが、ニューヨーク・ゲームズ以前のラウンダーズ＝タウンボールではごく普通に行われていたのだ。弱く当てれば問題ないかもしれないが、成人男性が力いっぱい投げて走者に当てるのはなかなかの危険行為になる。

ニューヨーク・ゲームズではソーキングが禁止されたことで、それまで女性や子どもの遊びのイメージが強かったラウンダーズ＝タウンボールは、「成人男性がやるもの」というふうにイメージ転換が促された。[7]

また、初期のベースボールでは打者が「高い球」「低い球」と、自分の打ちやすいコースを指定することができた。キャッチャーのいる位置はホームベースよりもかなり後方で、ピッチャーの球をバウンドさせてからキャッチした。そのためストライク・ボールをコールする審判は、打者の横にポジションをとって、主に高さを判定したのだ。

ベースボールが上手投げを解禁したのは１８９５年になってからである。それに伴い、キャッチャーもピッチャーの球をバウンドさせて捕るのではなく直接捕球（ダイレクトキャッチ）するようになり、ホームベースのすぐ後ろに位置するようになり、審判の位置もキャッチャーの後ろに移動した。これも、ニューヨーク・ゲームズでのソーキングの禁止と似た経路を辿っている。

そもそもラウンダーズ＝タウンボールの時代からピッチャーは下手投げだった。競技というよりも気晴らしの性格が強かったので、投手は打者の打ちやすい球を投げるべきとされていたのだ。ところがピッチャーに上手投げを許可することで、成人男性の腕力が存分に発揮できるようになった。

また、ホームベースのすぐ後ろにキャッチャーが位置してダイレクトキャッチをすることはかなり危険である。キャッチャーのところにファウルチップが飛んできたりするし、バッターが空振りしたときにキャッチャーがボールをダイレクトで捕ることは、未経験者にはほぼできない。バッターが空振りすると、未経験の捕手は反射的に目をつぶってしまい、そのせいでボールを正確にキャッチできなくなってしまうからだ。打者が空振りしても目をつぶらずにダイレクトキャッチするためには、勇気と慣れが必要になる。このような危険防止のため、捕手も防具をつけることになった。

このように、もともと牛飼いの女性たちが楽しんでいた気晴らしが、「腕力」「勇気」といった成人男性に求められがちな力を発揮するものへと変化していったのである。

合衆国という「想像の共同体」をまとめる文化的装置

このように、アメリカでのベースボールの発展は、実際には誰か一人の創案によるものではなく、さまざまな民衆の営為によるところが大きい。ところが、スポルディングの「ダブルデイ＝クーパーズタウン説」は長いあいだ、アメリカ人のあいだで広く信じられてきた。

しかしダブルデイ説は20世紀後半以降、歴史家たちの手で、まったくのでっちあげであることがしだいに明らかにされてきた。そもそも１８３９年、ダブルデイはすでに陸軍士官学校に入学していてクーパーズタウンにはいなかった。また、彼の遺《のこ》したあらゆる書簡などにも「自分が野球を創始した」などという話は出てこない。しかしこの神話が、アメリカ人たちに広く信じられ、もはやでっちあげであることが明らかになった後も、クーパーズタウンにはアメリカ野球殿堂とダブルデイ・フィールドという２つの聖地が存在し続け、人気を集めている。

ミルズ委員会の報告があった１９００年代は、すでにメジャーリーグから黒人が排除されていた。驚くべきことに、19世紀までアメリカでは黒人＝弱々しい存在、というイメージが白人社会で共有されていたのだ。[8] ほとんどの黒人は肉体労働に従事し疲れ果てており、余暇の時間に運動で気晴らしをしようという気持ちも起きなかっただろう。黒人たちは、そもそもさまざまなスポーツ資源へのアクセスを制限されていた。

ラウンダーズ＝タウンボールは民主主義的、平等主義的であると考えられていたことに触れたが、平等の担い手となるのはあくまでも「白人男性」だった。

ベースボールは19世紀半ばから普及したが、それは都市化の影響を受けるとともに、都市への移住者にとっては失われた田園生活への郷愁《きょうしゅう》を伴うものだった。アメリカにおける野球文化は、「都市」と「田舎」という、明らかに相反する力によって支えられている。[9]

続く1850〜60年代、アメリカ合衆国は分裂の危機を迎えた。黒人奴隷制を維持したい南部諸州と、奴隷制を廃止し自由な工場労働力を確保したいと考えていた北部諸州が対立して南北戦争が勃発し、最終的に北部が勝利した。この戦争をきっかけに、もともと主に北部でプレーされていた野球が南部や西部へと広がっていった。

南北戦争は英語でSouth-North Warなどとはいわず、Civil Warという。日本語で「内戦」という意味だ。決して国家が分裂したわけではない、あくまでも内戦だというわけだ。

重要なのは、19世紀半ばのアメリカ合衆国は、現在のように北米大陸を横断するような領土は持っていなかったということだ。現在のカリフォルニア州やテキサス州の帰属を、スペインから独立したばかりのメキシコと争っていた。しかし南北戦争などを契機にカリフォルニアやテキサスを併合、19世紀後半から世紀末にかけてアラスカやハワイなども併合し、現在のアメリカ合衆国の領域が固まっていく。

また、もともとの宗主国イギリスとの関係も当初は不安定であり、19世紀初頭にはイギリスによってアメリカ本土まで攻め込まれ、首都ワシントンを焼き討ちされている。イギリスはその後も現在のカナダを植民地として保持していた。

つまり、19世紀を通じて「アメリカ」は領土的にも経済的にも不安定な状態に置かれていた。近代スポーツの発祥のほとんどはイギリスであり、ベースボールもその例に漏れないが、アメリカ人は「自分たちはイギリスではない」というアイデンティティを強く確立する必要があった。

ただし、そこでは16世紀以降のヨーロッパ人たちの移民と侵略により追いやられていったアメリカ先住民はカウントされていない。南北戦争以降、奴隷制が廃止されたにもかかわらず逆に黒人の排除が進み、さらにいえば、そもそも女性の居場所はなかった（アメリカ独立宣言で女性は考慮されておらず、女性に参政権が認められるのは第一次世界大戦後の1920年である）。

また南北戦争以降、北部人が南部に入っていって改革を進めた（これをアメリカ史ではリコンストラクション＝再建という）ため、北部人と南部人の感情的対立は根強く残り続けた。アメリカ先住民、黒人、女性を排除し、ヨーロッパ系の白人男性のアイデンティティのために、ベースボールは独占される必要があった。

したがって、20世紀初頭のミルズ委員会の報告書では、野球の起源がイギリスのラウンダーズではなく、北軍の名将、つまり強く賢く勤勉な白人男性を象徴する軍人のダブルデイによって始められたものでなければならなかった。

かつては南北戦争中に、北軍と南軍が垣根を超え、ときに野球の交流試合を行ったと信じられていた。また、南北戦争で従軍中にベースボールを覚えた兵士たちが、復員後に各自の故郷に帰っていき、故郷でベースボールを広めたとされた（これはおそらく事実である）。そもそも軍隊というものは、さまざまな地域の人たちが集まってくる場所だが、その人たちが南北戦争中にベースボールという共通体験を軍のなかで得て、それが国を再びひとつにまとめた――。

南北戦争の前後、アメリカのナショナリズムと野球の発展が結びついていた。そのナショナリズムの担い手は、兵士であり男性であり白人であった。ベースボールという競技が、アメリカという、実際にはそこまで一枚岩ではなかった「国家」という想像の共同体をまとめる文化的装置としての役割を、結果的に担ってしまったのだ。

歴史修正主義からの脱却

アメリカ発の世界的なメジャースポーツとして、野球以外にもバスケットボールやバレーボールがある。現在の人気度だけでいえば、アメリカ国内ではアメリカンフットボールの方が大きく上回るだろう。だが、なぜか「野球だけ」がアメリカで特別な地位にあり、日本の「国技」とされる相撲のような存在感がある。

メジャーリーグの試合では、試合前にアメリカ国家斉唱が行われる。これは1918年の野球のワールドシリーズの第1戦、7回に行われた国歌斉唱が最初だとされる。当時は第一次世界大戦の終結間近であり、戦闘で数多くの若い米国民が死亡していたことで愛国心が高まっていたために、人の集まるスポーツイベントで国歌が流された。[10]

イギリスの歴史家エリック・ホブズボームは、古くから受け継がれてきたと思われている「伝統」の多くは、近代になってから人工的に創られたもの＝「創られた伝統」であることを指摘している。[11] 日本で相撲がそうであるのと同じように、アメリカにおけるベースボールは「創られた伝統」としての側面が強い。南北戦争という決定的な危機の時代において、国家としての分裂を阻止し、一体性を何とか保った文化的装置がベースボールだった、と信じられた。そのためには野球は「イギリスとは無関係」でなくてはならなかったし、「北軍の偉大な軍人男性が発明したもの」でなければならなかった。

近年、メジャーリーグ機構（ＭＬＢ）は「ロンドンシリーズ」などと銘打ってイギリスで公式戦をしばしば開催している。これは一義的にはＭＬＢがヨーロッパを市場として開拓するためだが、それに加えてアメリカ野球が自らの歴史修正主義を反省し、野球の「本当の母国」であるイギリスにリスペクトを表明する、という意味合いもあるように思われる。

クーパーズタウンのダブルデイ・フィールドでは１９３９年からアメリカ野球殿堂入りの

表彰式と同じ時期に、ＭＬＢ主催で「奉納試合（Hall of Fame Game）」が行われていた（奉納試合とは日本のメディア独特の訳語だが、その性格をうまく捉えている）。しかし、２００９年以降は行われなくなっている。表向きはメジャーリーグのチームの日程調整が難しくなったからとされているが、歴史的事実と異なることから中止されたのではないかと考えられる。

それに代わって、２０２１年からは、「ＭＬＢアット・フィールド・オブ・ドリームス」という企画が行われた。アイオワ州のトウモロコシ畑のなかの球場で、メジャーリーグの公式戦を行うというものである。この球場は映画『フィールド・オブ・ドリームス』のロケ地となった、広大な農地の広がる平原（プレーリー）にある。

『フィールド・オブ・ドリームス』1989年公開（出演）ケビン・コスナー、エイミー・マディガン（監督、脚本）フィル・アルデン・ロビンソン

『フィールド・オブ・ドリームス』は、何かの「声」が聞こえるようになった独立自営農民の白人男性とその家族が突然、トウモロコシ畑のなかに球場を

つくるという物語だ。球場が完成すると、かつてのメジャーリーグ選手たちの亡霊がトウモロコシ畑から現れ、野球をプレイしはじめる。
「MLBアット・フィールド・オブ・ドリームス」では、実際にメジャーリーグの選手たちが次々にトウモロコシ畑から亡霊のように登場するという、シュールな演出が行われる（2022年には鈴木誠也も出場した）。「MLBアット・フィールド・オブ・ドリームス」はあくまで映画の世界観を再現したもので、史実とは直接的な関係がない。MLBとしては、創作された歴史よりもファンタジーに立脚するほうが安全であると考えたのかもしれない。

南北戦争に前後して、プロリーグであるメジャーリーグが商業化に成功するなかで、当初は黒人の参加は禁じられていなかった。しかし1887年からメジャーリーグでは黒人選手と契約しないという紳士協定（それが紳士的な行いであるかはさておき）が結ばれた。続く1890年代は、アメリカ全体で黒人排除の流れが強まった時代だった。黒人選手たちはMLBとは別の黒人だけのチームへと隔離され、やがて黒人のプロリーグ「ニグロリーグ」が規模を拡大させていく。そして南北戦争が終わってもなお続く人種分離の社会背景のなかで、ミルズ委員会の調査で「ダブルデイ＝クーパーズタウン説」が採用されたのだ。

だが、ベースボールの白人男性による独占は、第二次世界大戦時に黒人が兵士として参加し、さらに「銃後」の社会を女性たちが支えたことで、大幅に緩和された。１９４７年には、約60年ぶりに黒人選手としてジャッキー・ロビンソンがＭＬＢデビューし、大活躍する。

戦中から戦後にかけて、女性たちの社会的評価も高まり、白人選手が兵士として召集されたこともあり、全米女子プロ野球リーグ（ＡＡＧＰＢＬ）が発足した。このことは、名作野球映画『プリティ・リーグ』でも描かれている。しかし戦後ほどなくして、男性選手たちがメジャーリーグに復帰したことによりＡＡＧＰＢＬは商業的パワーを失い、廃止される結果になった。

アメリカでベースボールは国家の一体性を保つための「神事」であり、白人男性に占有されていた。しかし戦後に黒人、１９５０年代から中南米・カリブ海系、そして１９９０年代からアジア系選手も活躍し始め、その「神事」性を大幅に薄めつつ、国際的に拡大を続けているのである。次章からはこうしたアメリカの歴史をふまえつつ、日本での野球の展開を見ていきたい。

1　現在、スポルディングはどちらかといえばバスケットボールのイメージが強いメーカーだが（ＳＰＡＬＤＩＮＧと大きく書かれたバスケットボールを見たことのある人は多いはずだ）、当初は野球用品のメーカーだった。

2　佐山和夫『野球はなぜ人を夢中にさせるのか　奇妙なゲームのルーツを訪ねて』河出書房新社、２０００年

3　ノルベルト・エリアス、エリック・ダニング（著）大平章（訳）『スポーツと文明化――興奮の探求』法政大学出版局、１９９５年

4　「過激すぎる！・喧嘩フットボール「カルチョ・ストーリコ」とは何か？」巌流島、２０１６年７月５日
https://ganryujima.jp/archives/3320

5　やや余談ではあるが、前述のエリアスによれば１８６０〜70年代のサッカーはドリブル中心のゲームであったという。言い換えれば、この当時のサッカーは「個人が目立つ」ゲームだった。ところが１８８０〜90年代にかけて、ドリブルよりもパス回しが戦術の主流になり、個人から集団へと移行していく。この時期のサッカーは「中上流階級」から「労働者階級」の文化性へと接近していったのだ。

6　野球殿堂博物館「最初の野球規則 ニッカボッカー・ベース・ボール・クラブ・ルール １８４５年９月23日」
https://www.baseball-museum.or.jp/jiyu-kenkyu/pdf/knicker-bocker_baseball-rule.pdf

7　内田隆三『ベースボールの夢――アメリカ人は何をはじめたのか』岩波新書、２００７年

8　川島浩平『人種とスポーツ　黒人は本当に「速く」「強い」のか』中公新書、2012年、21ページ
9　吉田恭子『ベースボールを読む』慶應義塾大学出版会、2014年
10　山田敏弘「そもそも、なぜスポーツイベントで国歌が演奏されるのか」ITmediaビジネスオンライン、2016年9月8日
https://www.itmedia.co.jp/business/articles/1609/08/news017.html
11　エリック・ホブズボーム、テレンス・レンジャー（編）前川啓治、梶原景昭 他（訳）『創られた伝統』紀伊國屋書店、1992年

第4章

エンジョイ・ベースボールから「魂の野球」へ

——戦前のトップエリート校・一高で起こった変化

戦前日本で野球はサブカルチャーだった

2023年夏、慶應義塾高校野球部が甲子園で優勝した。これまでの高校球児のように勝利のために坊主頭にするのではなく、爽やかな短髪で日焼け止めを使用する姿勢が極めて斬新なものとして受け止められた。「エンジョイ・ベースボール」つまり「野球を楽しむ」というスローガンを掲げていたことも、高校野球の変化を強く印象づけた。

これまでの日本の高校野球といえば、高校生は髪を坊主頭にして野球にすべてを捧げ、千本ノックなどの修行的な練習を繰り返し、精神を鍛錬して甲子園を目指す「魂の野球」ともいうべきものだった。慶應高は昔から非坊主頭であり「エンジョイ・ベースボール」というスローガンも昔からあるものだが、これまでは圧倒的マイノリティであり世間的にも注目を集めることはなかった。日本では「一球入魂」や千本ノックに代表される「魂の野球」こそが主流であり、「エンジョイ・ベースボール」はあくまでも亜流だったのである。

そもそもスポーツはラテン語のDeportare（デポルターレ）が語源であり、そこには「気晴らしをする」「楽しむ」「遊ぶ」というニュアンスがあった。あくまでも楽しみのために始められた野球が、なぜ日本では「楽しんではいけない」ものになっていったのだろう。

その理由は、大きく2つある。

まず1つ目、戦前日本で野球は「サブカルチャー」であったということだ。サブカルチャーというとアニメ、漫画、ポピュラー音楽などをイメージしがちだが、もともとは「下位文化」という意味である。社会には主流文化（メインカルチャー）があり、その下位として位置づけられるものがサブカルチャーだ。

戦前の身体文化においてメインカルチャーは日本古来の武術（相撲、剣術、柔術、弓術など）であり、欧米からもたらされた野球などのスポーツはあくまでもサブカルチャーだった。新奇なサブカルチャーはいつの時代も年長世代からの激しい批判に晒《さら》されるものである。

2つ目に重要なのは、初期の日本野球の主な担い手は大学生だったということだ。昔も今も、モラトリアムを享受できる大学生が若者文化（ユースカルチャー）の発信源であり、とりわけ初期の日本野球では旧制高校である第一高等学校（一高）の野球部が大きな役割を果たしたと考えられている。

旧制高校は、戦後日本にはない戦前独特の教育機関である。高校といっても今のように主に15～18歳の生徒が学ぶ場ではなく、20歳前後の今でいう「大学生」の年代の学校であった。旧制高校で随一の名門である一高は、しばしば「現代の東京大学の教養課程（1、2年生）

東京・神田の学士会館にある「日本野球発祥の地」の記念碑。学士会館は東大を含む旧帝国大学の同窓会組織「学士会」の本部で、東大発祥の地である第一大学区第一番中学の跡地に建てられている。

に相当する」と説明されがちである。

だが、現在の大学と大きく違う部分もある。現代の東京大学は男女共学で、1学年3000人程度である一方、戦前の一高は男子校であり、1学年300人程度と、圧倒的少数の超エリート集団だったのだ。

現代は小学校6年、中学校3年までが義務教育で、高校3年、大学4年の「6・3・3・4制」であり、基本的に男女共学である。高校進学率は98％で、その上の大学・専門学校・短大への進学率は合計83・5％となっている。[1]

一方で、戦前は共学かつ義務教育は小学校まで[2]で、中学以上はほぼ男女別学だった。[3]大多数の国民のあいだで「子どもを小学校に通わせる」ということが慣習として成立したのは戦前昭和期（1

926年以降）である。そして小学校を卒業して進学する者は高等小学校（現代の中学校に近い教育機関）のほか、さらに高いレベルの教育を希望する者は男子は中学校（5年制）、女子は高等女学校（4〜5年制）、または実業学校（3〜5年制）などに進学した。しかし旧制中学校への進学率は約7％で、高等女学校等を含めても終戦の5年前にあたる1940年時点で約25％にすぎなかった。[4] さらにその上の大学・専門学校・短大に相当する高等教育機関に進学する者の割合となると、1920年の段階でわずか2・2％にすぎず、[5] 1940年頃でも10％に満たなかったと考えられる。

文化が生まれる場としての旧制高校

非常に限られたエリート教育機関である旧制高校を卒業すると主に官吏《かんり》（役人）や研究者など、知識労働者を養成する国営の教育機関「帝国大学」に進学することができた。旧制高校と帝国大学は2つがセットとなる教育システムだった。

1886年の帝国大学令により、それまであった唯一の大学・東京大学が「帝国大学」となった。帝国大学は官吏、法曹、医師、研究者、大企業社員など、社会のトップエリート養成を目的とした教育機関である。1897年には2つ目の帝国大学として京都帝国大学が設立され、これに伴い東京の帝国大学は「東京帝国大学」へと改称、以後1945年の敗戦までに、仙台に東北帝国大学（1907年設立）、福岡に九州帝国大学（1911年）、北海道帝国大学（1918年）、朝鮮・京城《けいじょう》（現在のソウル）に京城帝国大学（1924年）、台湾・台北《たいぺい》に台北帝国大学（1928年）、大阪帝国大学（1931年）、名古屋帝国大学（1939年）と、当時の日本領内に9つの帝国大学が設立された。[6]

そして帝国大学で学ぶための準備教育を施す学校として第一高等中学校（高等中学校はすぐに高等学校と改称されたため、以下「一高」と表記）、続いて大阪に三高（すぐに京都に移転）、山口に山口高、仙台に二高、金沢に四高、熊本に五高、岡山に六高、鹿児島に七高造士館、名古屋に八高と、「ナンバースクール」といわれる旧制高校が次々に設立された。[7]旧制高校は地方創生の旗印になったため、各地の地域住民が熱烈な誘致運動を行い、大正以降は日本領内各地に公私立問わず多数の旧制高校が誕生した。

旧制高校と帝国大学の定員はほぼ同じであり、基本的に（学部や学科を選びさえしなければ）全員が帝国大学へ進学できた。また、今の大学の修業年限が4年制であるのに対し、戦前の旧制高校・帝国大学は各3年、合計6年と、2年長かった点も大きな違いである。

したがってすぐにでも「食える」職業に就きたい青年男子は、旧制高校に進学するのではなく、ビジネスや工業、医歯薬学などを学ぶ高等専門学校、教師になるための師範学校、さらには職業軍人養成のための教育機関である陸軍士官学校・海軍兵学校など、専門教育機関へ進学した。これらの学校は旧制高校・帝国大学に比べ修業年限が短かったため早く就職することができ、さらに陸士・海兵に至っては在学時から給与も支給されたのである。

旧制高校（＋帝国大学）は、経済的に余裕のある富裕層の子弟が通う学校であり、社会全体に余裕の少ない戦前日本では例外的なモラトリアム空間だった。そのため、旧制高校では語学、哲学、文学などの教養教育が重視された。教養教育とは、大雑把にいえば「すぐに役に立たなくても、将来人の上に立つための人間的な深みを身につける」というものである。

そのため一高をはじめとした旧制高校では、モラトリアム期の青年でなければする機会のない／仕事に直接はつながらない活動が重視され、それが新たな文化の創出へとつながった。当初はそれが体育・スポーツだったが、やがてその主戦場は文学となっていく。たとえば夏《なつ》目《め》漱石《そうせき》、正岡子規《まさおかしき》、谷崎潤一郎《たにざきじゅんいちろう》、芥川龍之介《あくたがわりゅうのすけ》、川端康成《かわばたやすなり》、太宰治《だざいおさむ》、三島由紀夫《みしまゆきお》など近代日本を代表する文豪の多くが旧制高校出身である。[8]

伝統ある旧制高校は全寮制を整備しており、学生たちは寝食をともにしていたので濃密な人間関係が生まれやすかったことも大きかった。なかでも最も歴史が古く首都・東京にある一高が、こうした新しい文化が創出される場となったのだ。

また、明治前期〜中期にかけて、慶應義塾大学、早稲田大学など私立大学の前身となる学校も数多く設立され、「大学生」という新しい文化的トライブ（集団）が生まれた。彼らは既存の社会秩序に挑戦し、大人たちはそれを排撃する・あるいは体制のなかに取り込もうとする、という緊張関係があったのである。

現代日本の文化空間は、旧制高校や私立大学の学生たちの営為の上に成り立っている。現代の〈体育会系〉の代表的存在である「野球」と、〈文化系〉を代表する「文学」はともに発生源を同じくしており、その担い手は男子大学生たちだった。

前置きがかなり長くなったが、ここからは大学生たちがどんな感覚で野球に熱中し、文学に傾倒していったのかをみていこう。

港区男子（的なもの）とエンジョイ・ベースボール

日本にベースボールが入ってきた時期は諸説あるが、おおむね明治維新直後の１８７２年頃とされている。一高の前身のひとつである第一大学区第一番中学で、アメリカ人教師のホーレス・ウィルソンが、学生たちの運動不足解消のために野球を教え、[9]この学校はのちに開成学校、そして一高になっていった。さらにイギリス人教師でクリケットの名手だったフレデリック・W・ストレンジが野球に注目し、他の陸上競技などとともに学生たちにスポーツを奨励、運動会や部活動の原型となる活動を始めた。歴史学者の有山輝雄《ありやまてるお》は、当時スポーツと出会った日本の若者たちの心情について次のように述べている。

ストレンジが典型的にそうであったように、外国人教師は故国で楽しんでいたスポーツを日本でも楽しみたいために周辺にスポーツを教えていったスポーツ好きの青年であったようだ。また、学生たちも教師自らが楽しんでいるのを見たからこそ、スポーツに関心をそそられ、ベースボールなどをやってみるようになったのである。

そして、実際にボールを投げたり打ったりしてみると、これまで知っていた撃剣（引用者注：現在でいう剣道のこと）などとはまったく違った身体の動きの面白さを実感し、それに魅せられたのであろう。さらに、身体を躍動させる快感、ふきだす汗をぬぐう爽快感、そんな青年らしい肉体的楽しみがなかったはずはない。それがなければ、ベースボールは成立しない。それは、端的にいって遊戯としてのスポーツの面白さである。（有山輝雄『甲子園野球と日本

人』吉川弘文館、1997年、20‐21ページ）

日本の伝統文化である武道は、厳しい鍛錬を重ね、他者や自分と正対する「勝負」を通じ礼節を身につけたり、その果てにある身体・精神の自由の獲得を目的としている。また「型」を非常に重視しその習得が必須とされるなど、初心者にはハードルの高い身体文化である。

一方、海外からやってきた野球は、武道に比べてすぐに面白さを感じやすい。剣道で素振りをしてもそれほど楽しくないが、野球はボールを投げたりバットで打ったりするだけですぐに楽しさを感じることのできる、ハードルの低い身体文化である。野球のこうした特性は、武道しか知らなかった明治の若者たちには極めて新鮮に感じられたことだろう。

日本の野球草創期の象徴的人物として平岡熈《ひらおかひろし》という人物がいる。平岡は徳川御三卿の一角・田安《たやす》徳川家家老の御曹司《おんぞうし》で、新政府の海外視察団の一員としてアメリカに渡り、ボストンやフィラデルフィアで当時の最新テクノロジーである鉄道技術を学んだ。平岡はアメリカ滞在時に現地の人たちとしばしば野球をプレーし、帰国後は工部省鉄道局（現在の国土交通省とＪＲグループの前身となる官庁）に技師（エンジニア）として就職した。そこで仲間たちと、アメリカから持ち帰ったボールとバットで野球をプレーするようになった。[10]

平岡は1878年には東京・新橋停車場に初めて野球場を開設、クラブチーム「新橋アスレチック倶楽部」をつくり、そこに慶應義塾や一高の学生たちも加わっていった。さらに平岡に影響されて田安徳川家の当主・徳川達孝《さとたか》も野球チーム「ヘラクレス倶楽部」を創設、慶應義塾のすぐそばの東京・三田綱町《みたつなまち》に運動場をつくり、新橋アスレチック倶楽部と対戦していた。[11] 平岡は明治後期以降に野球が普及してからはあまり関わらなくなったが、晩年は小唄《こうた》や三味線《しゃみせん》などの道楽に勤《いそ》しんだ遊びの達人であった。[12]

俳句を革新した文学者・詩人の正岡子規もまた、1880年代後半に一高に在学し、野球にのめり込んだ一人だった。子規は野球をテーマにした次のような俳句も残している。

「春風や　まりを投げたき　草の原」（1890年）
「夏草や　ベースボールの　人遠し」（1898年）

そもそも現代の感覚からすれば、「野球」と「詩」はかけ離れたものだと感じる人が大多数だろう。実際はそうでもないのだがその点については一旦置いておくとして、ここで確認したいのは、子規の俳句からは、のちの「魂の野球」の面影などまったく感じられないということだ。子規は他の運動には興味を示さなかったがベースボールには熱中して、雅号《がごう》（ペンネーム）に「野球（の・ぼーると読む。子規の幼名が「升《のぼる》」だったことに由来）」を用いたりもした。

つまり草創期の日本のベースボールは、アメリカ帰りの最先端エンジニア、徳川家、慶應義塾生などのいわば「港区男子」による道楽であり、子規が「一句詠んじゃう」ぐらいのオシャレカルチャーだったのである。新橋アスレチック倶楽部はやがて解散してしまうが、のちに彼らが使っていた用具は慶應義塾に受け継がれ、「エンジョイ・ベースボール」として日本野球の地下水脈で密かに流れ続けていた。それが１５０年の時を経て突然噴出したのが、２０２３年夏の慶應高の甲子園制覇だった、と解釈することもできる。[13]では、最初期に港区男子的な「エンジョイ・ベースボール」だったものが、なぜ「魂の野球」へと変質していったのだろうか。そこには、平岡、徳川家、慶應義塾とはやや違う経路を辿って野球文化の主流となった一高の存在があった。

一高生のエリート意識と「籠城《ろうじょう》主義」

一高が学校としての形をほぼ確立したのは1890年のことである。このとき校地が現在の東京・本郷にある東大弥生《やよい》キャンパスの地に定まり、寄宿舎も整備された。

初期の一高ではスポーツが非常に好まれ、さまざまな場所で自然発生的に同好会が立ち上がっていた。特に寄宿舎完成以降はベースボールが人気を集めるようになり、校内ではノックが熱気を帯び、昼休みにはキャッチボールと試合が行われ、それを見守る者たちが応援団の起源となる集団を形成していった[14]。

一高は超エリート校であるため学生にも欧米のカルチャーに関心のある者が多かったが、同時に士族出身者の割合が高く武道などの身体鍛錬にも親しんでいたため、「欧米×運動」の要素を兼ね備えた野球が最も一高生らしいアクティビティだと捉えられたのだろう。

こうして一高生たちのあいだでベースボールが盛り上がっていくにつれ、校内の優秀な選手を集めたオールスターチームを結成して他校と対戦させ、学生みなで楽しもうということで、一高にベースボール部が誕生した。

寄宿舎が整備された直後の1890年5月、一高ベースボール部は自校グラウンドで明治学院の「白金倶楽部」[15]に大差をつけられて負けている状況で、学生の応援のためにやってきた明治学院のアメリカ人教師ウィリアム・インブリーに対し一高生たちが暴行を加えるという、「インブリー事件」が起こった。

この事件で在日外国人たちは激怒し、外務省も国際問題化を恐れたため、一高生たちは謝罪に追い込まれた。校内では一高ベースボール部が弱いせいでこんなことになったという声が高まり、ベースボール部員たちは「校名を汚さないため」に猛練習に打ち込むようになり、雪辱戦で明治学院を破ることに成功した。

当時の日本でこの運動をプレーした人々の大多数の感覚が「エンジョイ勢」であったなか、学校の名誉をかけて猛練習をする一高ベースボール部だけが「ガチ勢」となったため、対外試合で連戦連勝の「無双」をするようになる。一高ベースボール部は「もはや国内に敵なし」ということでさらに波に乗り、1896年には横浜に居留《きょりゅう》していた外国人たちのチーム「横浜外人倶楽部」に対戦を挑み、ここでも大勝を果たした。この試合は実態としては「大学の野球サークルと駐在外国人の草野球の試合」だったが、新聞の一面で「我が学生の大勝利」として報道されたことで世間の注目を集め、これが大きなきっかけとなって中学生以下の世代で、野球という舶来のスポーツへの関心が高まった。ところが世紀転換期を境に一高野球部は早稲田、慶應に連敗し、以後その栄光に陰りが出始めていくのである。

ここまでに出てきた事件を時系列で並べると、次のようになる。

① インブリー事件（１８９０年）
② 一高ベースボール部が猛練習を開始（１８９０年〜）
③ 横浜外人倶楽部戦での勝利（１８９６年）
④ 一高野球部の黄金時代の終焉（１９０４年）

この時期はちょうど、近代日本が日清戦争、日露戦争という2つの大きな戦争をしていった時期と重なる。一高のキャンパスカルチャーと野球の展開において、以後の日本の野球文化、ひいては第1章、第2章で整理したような日本の文化空間全般を考える上で非常に興味深い出来事がいくつも起きている。以降は、「一高と野球」の関係が、日本の文化空間にどのような影響を与えたのかを論じていきたい。

まず、１８９０年に起きたインブリー事件は現代の感覚からすると相当に「?」な事件である。なぜ、明治学院のアメリカ人教師インブリーは一高生たちの襲撃を受けたのか。ひとつには「籠城主義」という一高独特のキャンパスカルチャーがあった。

一高は前述のように、近代日本の文化形成に少なくない影響を及ぼしている。たとえば、昭和初期に大ヒットした『あゝ玉杯に花うけて』（作・佐藤紅緑《さとうこうろく》）という小説がある。貧しい少年がライバルとの野球対決などを通じて成長し、やがて一高に合格するという物語で、後年の『巨人の星』のプロトタイプともいえる作品である。

この小説のタイトルは、一高の有名な寮歌である『嗚呼玉杯』に由来している。旧制高校生たちはしばしば市中で寮歌を歌い、自分たちがエリートであることを誇示するとともに、仲間たちとの青春の連帯感を確認しようとしていた。その『嗚呼玉杯』の歌詞は、次のようなものだ（旧字体は新字体に改めた）。

嗚呼《ああ》玉杯《ぎよくはい》に花うけて
緑酒《りよくしゆ》に月の影やどし
治安の夢に耽《ふけ》りたる
栄華の巷《ちまた》低く見て
向ケ丘《むこうがおか》にそそりたつ

五寮《ごりょう》の健児《けんじ》意気高し

注意したいのは、この歌で「嗚呼玉杯に花うけて」酒盛りをしているのは一高生ではない、ということだ。日本は1902年、当時経済的にも軍事的にも世界一の大国だったイギリスと日英同盟を締結することに成功したが、そのニュースに「これで日本も一等国の仲間入りだ」などと浮かれ、上野・浅草周辺の繁華街で酒盛りをしている庶民たち（＝栄華の巷）が主語である。一方、そうした上野・浅草などを見下ろす丘の上（＝向ヶ丘、現在の東京大学弥生キャンパスのこと）に「そそりた」っているのが、一高生たち（＝五寮の健児）だ。

1890年3月、一高校長・木下廣次《きのしたひろじ》により、一高のキャンパスがある向ヶ丘に寄宿舎が整備された。木下は、日本各地から集まってきた国家エリートの一高生たちが、下宿などをして東京の庶民と交遊し、世間の退廃的な文化に触れて堕落するのを危惧《きぐ》しており、学生全員を寄宿舎に入寮させることにした。

ただ、学校当局が寮を厳格に管理するのではなく学生たちの自治に任せることとし、それまで学生たちが自発的に作ってきた運動部、弁論部、雑誌部などを統合するかたちで学校公

当時の一高キャンパス校地を引き継いだ、現在の東京大学弥生キャンパスの正門（東京大学HPより）

認の全学的組織「校友会」を組織させた。寮での濃密な人間関係をもとにストイックに学友たちと交流し、人格を陶冶《とうや》していくことを求めたのだ。

これが、一高独特のキャンパスカルチャー「籠城主義」である。つまり『嗚呼玉杯』は、俗世の誘惑を断ち切り、丘の上で学友たちと哲学的議論を侃々《かんかん》諤々《がくがく》と交わし切磋琢磨しているという、一高生たちのアイデンティティを表現した歌なのだ。

籠城主義の価値観では校内は聖地、校外は汚《お》濁《だく》の地であるので、学校に入ってくるには必ず正門を通らなければいけない、ということになっていた。ところがインブリー事件の際、インブリーは単に試合を早く観戦したいがために正門を通らずに生け垣を越えてグラウンドに入ってしまった。それを見咎《みとが》めた一高生たちが無礼だと激怒し、暴行に及んだのである。何もそこまでしなくても……と思うが、それぐらい一高生たちは籠城主義を真面目なまでに遵守していた。

また、この事件が起こった1890年は、明治維新の見直しが始まった時期でもある。明治維新当初、政府は日本の伝統を積極的に打ち捨て、急速な欧化政策を進めた。男性たちは丁髷《ちょんまげ》を切り落とし散髪することを奨励され（散髪令、1871年）、刀を持ち歩くことも禁止された（廃刀令、1876年）。さらに、明治初年にはそれまで曖昧《あいまい》に共存していた神社と寺が政府によって分離される（神仏分離令、1868年）という動きも見られた。

しかし、こうした急激な欧化政策への反発が1880年代に高まり、1890年を境に「日本の伝統文化を大切にしよう」というムーブメントが盛り上がりを見せた。特にこの時期、教育勅語の発布（1890年）によって天皇を中心とする道徳観が強化されるなど、伝統的な価値観への回帰が促された。また、前述のとおり、一高生には士族出身者が多かったこともあり、幕末の「尊王攘夷《そんのうじょうい》」的な気風が復活しつつあったのかもしれない。

インブリー事件は、舶来《はくらい》のスポーツであるベースボールを学生たちが楽しむことがそもそも国粋主義的な価値観とは相反するという、矛盾した状況があらわになった出来事だった。だからこそ一高のベースボール部員たちは、こうした矛盾を合理化する必要に迫られたのである。

世紀末の武士道ブーム

一高の籠城主義は現代の野球文化に隔世遺伝している、と捉えることもできる。たとえば1980年代から2000年代にかけて高校野球界を席巻したPL学園野球部は、大阪のなんば・心斎橋《しんさいばし》などの繁華街を遠くに望む小高い丘の上にグラウンドと寮を持ち、少年たちを野球に一意専心させていた。他の多くの高校野球チームも、野球エリートの卵たちを「野球に集中できる環境」に隔離していることが多い。また、こうした籠城主義的なカルチャーは、エリート意識を亢進《こうしん》させてしまうであろうことも想像に難くない。

一方で、一高生と現代の野球エリートには大きな違いもある。それは「議論する文化」の存在である。一高では籠城主義のひとつの表れとして、学内誌『校友会雑誌』の誌上で野球部選手も含むさまざまな立場の学生や教授たちが論考・批評を寄稿し、議論する文化があった。[16] 野球部員も野球だけに一意専心するのではなく、他の部活動に出入りし、野球以外の事物への見識を高める機会もあったのである。

1890年代前半に、一高教授で撃剣部（今でいう剣道部）部長でもあった塩谷時敏《しおのやときとし》（号：青山《せいざん》）が、撃剣（剣術）の価値を強く主張する論文を『校友会雑誌』に寄稿した。その主張は以下のようなものであった。

日本は明治以降、西欧化の波のなかでモノは豊かになったが、代わりに士（サムライ）の心を失った。それではいざというときに国家に貢献できない。我々はエリートとして国家に貢献すべく、サムライの心を持たなければならない。そのためには剣術が有効である。剣術は心だけでなく身体も同時に鍛えることができる。剣術は、ただ単に身体を動かしているだけの子どもの遊びとは違う価値を持つものなのだ――。（塩谷時敏「秋季撃剣大会を記し并せて所感を述ぶ」『校友会雑誌』1891年10月号の内容を筆者が要約、現代語訳）

要するに、ボートや野球などの外来のスポーツと違って武道は「サムライの心」を養うことができる、だから外来スポーツよりも日本古来の武術のほうが優れている、という論旨が展開されている。

実は武術は、明治前半に一度衰退していた。武術は殺人術でもあり、幕末に尊王攘夷派の志士による「天誅《てんちゅう》」など暴力的な倒幕運動の温床《おんしょう》となっていたため、維新以後は一転して取り締まりの対象となったのである。さらに維新当初の急激な欧化政策で日本の伝統文化である武術も積極的に打ち捨てられていったため、剣術などは「撃剣興行」といわれるチャンバラ大会を開催するなど「エンタメ化」することで生き残りを図ろうとした。

しかし、これも不平士族による自由民権運動など反政府活動の温床になっているとされ、政府によって激しく弾圧されたのである。[17]漫画『るろうに剣心』を思い出してもらえればわかりやすいが、「士族の身体」は明治政府にとって危険なものだったのだ。

ところが日清・日露戦争に前後して日本が国家として自信をつけていくなかで、日本の伝統的価値観が見直されるようになった。新渡戸稲造《にとべいなぞう》が英語で執筆した有名な本『武士道』がアメリカで出版されたのは1900年、国内で翻訳出版されたのは1901年であるが、この世紀転換期に武士道ブームが起きたのである。相撲、剣術、柔術などの武術の価値が見直されるようになり、武術師範たちも殺人術ではなく人間形成の側面を強調するため「武道」という言葉で新装開店させたことにより人気が急上昇した。塩谷の主張は、こうした武道・

武士道ブームを背景にしたものだった。

さらにいえば、塩谷の「いざというとき（原文では「一旦緩急の際」）」という表現は、1890年に発布された教育勅語の「一旦緩急あれば義勇公に奉じ、以《もっ》て天壌《てんじょう》無窮《むきゅう》の皇運を扶翼《ふよく》すべし（現代語訳：非常事態のときには大義に勇気をふるって国家につくし、そうして天と地とともに無限に続く皇室の運命を翼賛すべきである）[18]」という表現に由来すると考えられる。武道を通じて皇室、ひいては明治国家の天皇制イデオロギーを支えることができるとイメージされていた。これは何も塩谷の大げさな思想ではなく、のちの1895年に設立された武道振興のための団体「大日本武徳会」では皇族が歴代総裁を務めており、武道を行うことは即、皇室に貢献することだった。

教授である塩谷のこうした主張に対し、学生である一高野球部員の中馬庚《ちゅうまんかなえ》は『校友会雑誌』で反論した。内容は次のようなものだった。

運動は、身体を動かすと同時に「楽しさ」を感じることのできるものである。その意味で剣道と外来スポーツには同じように価値がある。ベースボールのプレーには機転と冒険心も必要とされ、その意味では「心を鍛えられる」という側面もある。だがそれ以上に、屋外で風と緑を感じながらプレーすること、とても捕れそうにない打球をキャッチできたときにみなから賞賛されることの嬉しさは格別のものだ――。（中馬庚「ベースボール」『校友会雑誌』1891年12月号を筆者が要約、現代語訳）

中馬の主張には、新橋アスレチック倶楽部～正岡子規的なエンジョイ・ベースボール思想の残響が読み取れる。中馬はまず「楽しさ」を強調した上で、「野球にも武道と同じように心を鍛えられる要素はある」と主張している。だが中馬の論は、塩谷のいうような「一旦緩急の際に皇室に貢献する」という要素は薄かった。

一高生は官立のトップエリート校に通っており、将来的に国家の中枢を担うことが約束されていたため、多くの者が「国家への貢献」が必須だと考えていた。この時代において「スポーツは楽しむことが一番大事」という主張をストレートに行うことは難しかった。明治後期から戦中期にかけて、日本の身体文化では「武道」がメインカルチャーであり、野球をはじめとした欧米由来の「スポーツ」はあくまでもサブカルチャーである、という緊張関係が存在したのである。

また、特にスポーツは広大な物理的空間を必要とするため、社会や政治との折衝が必ず必要になる。そのときに、同時代の社会の一般的な価値観に沿うように、スポーツを支える論理的な土台を整備する必要があった。個人主義的な「エンジョイ・ベースボール」だけでは、文化として生き残れなかったのだ。

バンカラとテニスと武道

この時期の一高野球部でもうひとつ特徴的な点として、「レンガの壁に向かってボールを投げ続けてレンガを破壊した」「投げすぎで肘が伸びなくなったので木の枝にぶら下がって伸ばした」など、現代のヤンキー顔負けの〝伝説の先輩〟エピソードが語り継がれたことが挙げられる。現代の東大生のイメージからは想像しづらいが、当時の一高生は勉強のトップエリートであるとともに「男らしく強くあろう」としていたのだ。

当時の一高ではバンカラと呼ばれるカルチャーが主流だった。バンカラ（蛮カラ）とは、一高をはじめとした旧制高校生たちを中心に当時流行していたカルチャーで、ストレートな欧米かぶれを「ハイカラ（High Collar＝高い襟《えり》の洋装のこと）」と呼んで蔑視《べっし》し、「弊衣破帽《へいいはぼう》」といってボロボロの学ラン、マント、学帽に高下駄《たかげた》という野蛮なファッションを「あえて」身にまとい、強さや豪快さを表現していたのである。

彼らは「学業で秀才であると同時に（喧嘩などでも）強いタフな人間になる」という、文字どおりの文武両道を追求していた。言うまでもないことだが、文武両道という言葉のもともとの意味は「勉強もスポーツもできる」ではなく、「勉強ができて武力も高い」という意味である。

戦前日本の旧制高校生たちのバンカラカルチャーは、既存の価値観への反発、「あえて」バッドセンスの服を身にまとうことによる自己表現、仲間意識の重視などの点では、戦後日本のヤンキーやギャル男《お》などのカルチャーとも相通じるところがある。ただし、バンカラたちは進取の気性を持ちつつ、ストレートに欧米を模倣することを「ダサい」と見なしていたため、武道などの日本の伝統文化を「逆に」好もうとしたのである。

もうひとつ補助線として重要なのが、当時の野球とテニスの関係である。現代社会で野球は日米ともに「男らしい」スポーツの代表格とされている一方、テニスは男女を問わずカジュアルに楽しめるスポーツとして認識されており、近年はオリンピックで男女混合のミックスダブルスが行われるなど先進的なイメージが強い。しかしこの2つのスポーツは、明治期日本では非常に近い位置にあった。先述の中馬を含め、野球選手はテニスプレーヤーであることが多かったのである。[19] たしかに野球とテニスは、「ボールを打つ」という競技であり、欧米由来のスポーツで、かつ身体のぶつかり合いのないノンコンタクトスポーツという点で類似している。

だがこの世紀転換期の1896年、なんと一高校内でテニス部は「女々しい」という理由で廃部にされてしまった。[20] 一高でテニス部が復活するのは30年後の1924年になってからである。[21] バンカラカルチャーが支配的な一高で、野球がテニスのように「女々しい」と廃部にされないためには、「野球は男らしい、激しいスポーツである」というイメージを打ち出す必要があった。

武道はスポーツと違って「楽しむ」よりも「心身の鍛錬」が重視される。そこで一高の野球部員たちは、「楽しんでいるのではない、心身の鍛錬をしているのだ」と周囲にアピールする必要があった。そのため、試合を楽しむよりも、パフォーマティヴに激しい感じの練習（猛練習）を行うことによって、「野球は武道である」という〝感じ〟〝雰囲気〟を醸し出そうとした。

現代でも野球部は「バッチこーい（「バッターこっちに打ってこい」という意味）」などの

声出しを、指導者や保護者などから強制される場合がある。「バッチこーい」は、守っている側が、打球が来てエラーすることを恐れているときに逆の意味の言葉を発して虚勢を張る意図があるのだが、エラーをするときはするので結局あまり意味がない。声を出すことに一生懸命になるよりも、ノックを受けて技術を向上させることが大事である。また、キャッチボールのときに「ウォーイ」などの声出しをさせられる場合もあるが、これはもはや機能が不明である。

剣道では「ヤー！」「メーン！」「ドー！」のような激しい声出しが求められる。これは力を入れるときに声出しにより集中力が高まるといわれているからで、そのような科学的研究もある。[22]だが、野球の場合の声出しは、必ずしも力を入れるときではない。

こうした「機能不明の声出し」は個人的にずっと謎だったのだが、その起源は一高野球部の猛練習にあったのではないか。昔の野球部員たちがどんな声出しをしていたのかは記録がないのでわからないし、そもそも当時まだ貴重だった録音機材を、野球部の声出しの記録のために使う者がいるとは考えにくい。それはさておき、一高野球部員たちは、野球は本当は牧歌的なスポーツであることが露見しないように、「楽しんでいるのではない、精神修養をしているのだ」という雰囲気を醸《かも》し出すために、猛練習と同時に剣道的な声出しを採用したのではないか。

しかも、前述の中馬庚は薩摩《さつま》（鹿児島）の士族出身であり、「チェストー！」などの激しい声出しで有名な薩摩示現流《じげんりゅう》のお膝元から東京にやってきている。中馬のような薩摩士族出身者が、剣道的な声出しを野球の練習に導入し、「激しい〝感〟の醸し出し」に活用したと考えたとしても、それほど不自然ではないはずだ。

横浜外人倶楽部戦のインパクト

こうしたアピールも効果があったのか（?・）、一高では野球が「校技」としての地位を獲得し、「一高生たるもの野球部の試合の応援に駆けつけ、校内一致団結に貢献すべき」というカルチャーが醸成されていった。この時期の一高の野球応援は「獰猛《どうもう》なる一高式応援」などと呼ばれ、強烈な野次によって相手チームを弱らせることで他のチームから恐れられていた。野球部員でない一般の一高生にとって野球観戦は、野次で相手チームを弱らせることによる男らしさの誇示、野球というハイカラなスポーツを観戦する先端感、学友たちと一致団結して応援することによる一体感の醸成、それによる自らの学校への貢献など、さまざまな複雑な要素が絡み合った総合的エンターテイメントだった。

一方、猛練習によって「心身の鍛錬」という要素のアピールに成功した一高野球部は、いまだ課題を抱えていた。それは武道にあって野球にない「国家への貢献」という要素である。

当時、横浜には「横浜居留地」というエリアがあった。現在の横浜中華街～石川町駅北側の「港の見える丘公園」「横浜外国人墓地」などの一帯のことで、日本国内最大の外国人居留地であり、日本人の立ち入りは基本的に禁止だったため一種の植民地のような様相を呈していた。横浜居留地は、当時の日本が最大の国家課題としていた欧米列強との不平等条約の象徴のような場所だったのである。1899年の条約改正で居留地への日本人立ち入り制限は解除されたが、依然として外国人たちの経済特権は存在し続けており、横浜は「豊かな外国人」と「貧しい日本人」の格差を象徴するエリアだったのである。

ここ横浜に居留していた外国人たちのチーム「横浜外人倶楽部」は、日本で働く外国人駐在員たちの社交クラブで、現在の横浜スタジアムがある横浜公園内の広いグラウンドでクリケットや野球などのスポーツに興じていた。もっとも、もちろんメジャーリーガーの集団ではなく、駐在員たちの社交クラブでしかない。

一高野球部は1890年代半ばには国内のすべてのチームを破るなど黄金時代を迎えてお

り、「もはや国内に敵なし」ということで1896年5月に横浜外人倶楽部に横浜のクリケットグラウンドで対戦を挑み、大差で勝利した。この試合の結果は「東京朝日新聞」の明治29年6月7日版の一面で「我学生の大勝利」として報じられるなどしたが、野球史にとっても日本の社会史としても大きなインパクトをもたらした。1890年代末、日清戦争の勝利もあって日本国内でナショナリズムが高揚しているなか、体格に劣る発展途上国の日本人が、「外人の地」である横浜に乗り込んで「本場」のアメリカ人たちのチームに勝ったからである。

当時、武道はまだ国外に普及していなかったため、「武道の国際試合」は成り立たない。しかし野球であれば、外国人に戦いを挑むことができる。「武道にはできないことが野球にはできる」という発見は、一種のイノベーションだった。一高野球部員たちにとっても野球を通じて国家の威信に貢献することは、自分たちの活動を正当化する上で重要だったのだ。

だが、そうした集団主義的な意義づけが強まっていくにつれて、中馬庚が当初唱えていた「野球は楽しい」という価値は、部員たち個人の内面へと秘匿《ひとく》されていくようになった。

「明るいニュース」を求めた新聞社

この横浜外人倶楽部戦で、一高野球部は学内のみならず新聞報道を通じて学外でも「お国のヒーロー」となった。一高野球部のもとには、全国の中学校の生徒たちから「ベースボールとはどういうものですか」という質問が続々と届くようになったのである。

もともと中馬は、1894年にテニスの訳語「庭球」にヒントを得、さらには「Ball in the field」という英語のイメージをもとに「野球」という訳語を考案し、一高野球部員たちにも受け入れられていた。横浜外人倶楽部戦後、中馬は全国の中学生たちの要望に応えるべく、ベースボールのルールや練習法などを解説した書籍『野球』を執筆・出版し、この本が広く読まれることによって、この訳語が日本国内に定着していった。[23]

横浜外人倶楽部戦という、今でいえば草野球チーム同士の戦いでしかなかった一戦がもたらしたインパクトはしかし、それだけにとどまらない。

ひとつはスポーツとメディアとの関係である。

2015年、イチローが『報道ステーション』(テレビ朝日系)の取材に対してこんなことを語っていた。

ニュースとか報道番組見てたら、まあニュースですから基本的には暗いじゃないですか。見たくないもの、聞きたくないこと、いっぱいですよね。（中略）あの（ニュース番組の）中で、観てる人が少しホッとできたり、気晴らしになったりするっていうことが、スポーツの実は……スポーツの大きな意義っていうか。[24]

スポーツファンにとっては、スポーツの意義を見事に言語化した話に思えるかもしれない。だが歴史的に見ると、これは因果関係が逆である。メディアが流す暗いニュースのなかで、たまたまスポーツが結果的に「明るいニュース」として機能しているのではない。当のメディアこそが「明るいニュース」を必要とし、自らそれを創り出してきたのだ。どういうことか。

近代化以降、メディアは新聞→ラジオ→テレビ→インターネットという順番で進化してきた。現代はコンピュータでさまざまな情報の量をバイト数で比較することができるが、20世紀初頭に中心だった新聞はテキスト中心なので数十キロバイト程度の情報量しかない。それが１９２０年代にはラジオ放送が始まり、１９５０年代にはテレビ放送が始まり、１９９０年代以降はインターネットによる情報提供が可能になり、２０１０年代は一般ユーザーが動画などの数ギガバイトの大容量の情報を送受信できるようになった。

新聞というメディアビジネスは明治時代に始まっているが、当初は数ページ程度と、現代に比べてかなり短かかった。内容も、官報（政府広報）をそのまま引き写したものや、政治や国際問題など堅めの記事が多い。一言でいえば本当に「面白くない」のである。

人々の興味を集める大事件などが起これればそれで紙面を埋めることができるが、平時はあまりニュースになる情報も集まらない。当時は記者の数も少なく取材に力を入れることができなかったため、現代でいうところのコタツ記事（取材に出かけずに「コタツでも書ける」記事のこと）で紙面を埋めるほかなかったのだろう。

しかし政治などの堅いニュースだけの場合、知識人層には読まれても、大衆は面白いと感じないため、読者層が広がらず新聞が売れない。知識人だけでなく大衆の興味を惹きつけることが、当時の新聞業界のビジネス課題だった。

そのため、時代が進むにつれて娯楽色の強い記事が増えていく。近代日本を代表する文豪・夏目漱石は朝日新聞社員となって新聞に連載小説を発表していたが、新聞連載小説は今のテレビドラマのようなものであり、専門の社員を雇うことは新聞社にとって自然なことだった。さらに、貧民窟（スラム街）やカフェー（今でいうキャバクラ）、有名人宅などの色々な現場を潜入ルポする「化け込み」といわれる破天荒な企画が増え、エンタメ色が強まっていった。[25] 当時の新聞は、現代のテレビドラマや週刊誌、ＳＮＳの告発系インフルエンサーの機能までも兼ね備えていたのだ。

世紀転換期の日本の新聞業界は、潜在的にエンターテイメントを必要としていた。そんなとき、東京朝日新聞が一高対横浜外人倶楽部戦の結果を報道したところ、これが大きな反響を巻き起こしたのである。画期的だったのは、「野球の試合はニュースになる」ということが発見されたことだ。

現代はライブ配信が当たり前になり、「スポーツの結果だけを知るよりも現場に行って過程を楽しむのが一番いい」という感覚が一般的になっている。だが１９９０年代頃まで、「勝敗の結果で一喜一憂する」というスポーツの楽しみ方はごく普通に存在していた。バイト数の少ないテキスト中心のメディアで、スポーツの結果を報道することは、新聞のエンタメ性を確保する上でも重要なことだった。それがメディア業界で初めて「発見」されたのが、一高対横浜外人倶楽部戦だった。１９１０年代以降は日米の大学交流戦が盛んに行われるようになったが、野球の国際試合や大きな大会が新聞紙上の目玉コンテンツとなった。

すると新聞社は、しだいに「自分たちでスポーツニュースそのものをつくればいい」という発想になっていく。マッチに火をつけてポンプで消すことを「マッチポンプ」というが、メディア企業である新聞社はやがて「自分たちでスポーツイベントを主催し、ニュースそのものをつくり出す」というマッチポンプビジネスを始め、それが今の甲子園野球（朝日新聞、毎日新聞）や、箱根駅伝（読売新聞）へとつながっているのである。

もっとも、一高野球部は自分たちの活動を拡大していくことが難しかった。学校が官立であるため、野球の試合で人が集まるからといってチケットを売って金儲けをするわけにもいかなかったからだ。遠方の大学と試合をするための渡航費・滞在費を学校当局に支出してもらうことも難しかった。これが以後の一高野球部の活動を制約する足かせとなったのである。

「選手制度」「対校試合」が引き起こした勝利至上主義

この当時、一高をはじめとした大学野球のなかで持ち上がりつつあったのが「選手制度」「対校試合」という問題だった。この字面《じづら》だけでは、現代の読者には何が問題なのかわかりにくいかもしれない。ただ、この2点は哲学的で、現代とも通じる議論である。どういうことか。

日本語ではスポーツのプレーヤーのことを「選手」と呼ぶ。もともと学校内の優秀なプレーヤーを選抜したことから「選手」という言葉になった。現代でも、小学校で「リレーの選手」というものがあったことを思い起こしてほしい。運動会のリレーに出る、クラス内で足の速い生徒を「選手」というわけだ。

野球の「選手」も「校内から野球の上手な者を選抜した」という意味合いがあった。こうして選抜された「選手」が、他校との試合である「対校試合」に出場する。これを「選手制度」といい、その存在は草創期の野球好きたちのあいだで大きな議論になった。なぜかというと、本来は学生みなのものである学校の運動場を、対校試合の準備のために占有させることになるからである。

現代は野球部やサッカー部などの運動部が放課後にグラウンドを占有することは当たり前になっているが、実は原理的にはおかしなことである。学校のグラウンドは生徒・学生・教職員が共同で使用できる公共空間——いわば学内限定の公園のような空間——であり、本来は放課後の自由時間などに学校関係者の誰もが自由に使えなければいけない。だからこそ、明治期の一高をはじめとした高等教育機関では、一部の者（選手）に独占的に運動場を使わせることの正当性が問われていたのだ。

一高では野球以前に、やはりハイカラなスポーツとしてボート（競漕《きょうそう》）の人気が高かった。一高と同じ東京にある官立学校だった高等商業学校（現在の一橋大学）とのレースである一高・高商の対校試合では、学生たちの応援合戦があまりに過熱し、乱闘に発展しそうな気配があったため1890年には一度中止されている。[26]しかし一高では野球部の対校試合が禁止されなかったため、一高生たちの関心はボートから野球へと移っていった。

スポーツの対校試合は、この当時から微妙な問題を孕《はら》んでいたといえる。

学校当局の目線に立てば、学生たちが体育に熱を上げることで健康になること（一高生は勉強の負荷が高く健康を害しやすかった）、俗世間の娯楽ではなく学校内のイベントに関心が向かうことで学校生活に集中するようになることは歓迎できた。

学生たちからすればスポーツという新たな娯楽を楽しむことができ、応援を通じて学友たちとの絆を深めることができる。野球部員たちは、対校試合で勝つことで学校の威信を世間に向けて発信し、それを通じて一般学生たちが絆を深め、より一層勉学に励むための一体感醸成に貢献できると考えられたのだ。

インブリー事件以前の一高では、子規が愛したような和気あいあいとした牧歌的なベースボールがプレーされていた。お互いがよく知る学生同士である以上、過剰に勝利に執着するような振る舞いは忌避されていただろう。いわば、スポーツをしたい学生がみなでプレーできるような文化があったと考えられる。

しかし選手制度や対校試合といったシステムが整っていくにつれて、しだいにこうした文化性は失われていった。選手制度によって選抜されたプレーヤーたちは「学校の威信をかけて試合に出場しているのだから、試合に勝たねば」と勝利に執着し、応援する側も自校を勝たせるために相手チームを弱らせるほどの汚いヤジを飛ばす「獰猛なる一高式応援」をますます強めていく。本来エリートであるはずの一高生が、野球の試合の勝敗に熱中するあまり自らの品位を下げるような行いをし、興奮のあまり乱闘事件（先述のインブリー事件）まで起こしていた。さらに、対校試合が学内で人気を博するにつれ、「上手な選手を錬成するためにグラウンドを占有させて何が悪い」というかたちで、周囲の学生によって選手制度が正当化されるようになった。

いわば悪い意味での「オタク化」、後年のとある野球人の言葉を借りれば「変態化」が起こっていった。こうして年長の教育者たちは野球の対校試合そのものを問題視するようになり、一部の良識派の学生もこうした事態への憂慮《ゆうりょ》を表明するようになったのである。

一高を揺るがした〈文化系〉対〈体育会系〉論争

世紀転換期まで黄金時代を迎えていた一高野球部は、20世紀に入ると衰退し始める。わかりやすい例が試合の勝敗であり、それまで国内で常勝を誇った一高は1904年、早稲田や慶應などの私学に相次いで敗れてしまったのだ。[27]

こうした状況の変化と並行して、一高校内では野球に対する批判が高まっていった。一高生で文芸部員の魚住《うおずみ》影雄《かげお》（のちの文芸評論家、魚住折蘆《せつろ》）は、『校友会雑誌』に「個人主義の見地に立ちて方今の校風問題を解釈し進んで皆寄宿制の廃止に論及す」という長いタイトルの批評文を寄稿した。内容は次のようなものだった。

> 今の一高ではスポーツが覇権を握っているが、近年は文学、詩歌、宗教、哲学などが流行しつつある。ところが野球応援のような娯楽にかまけている連中は、そうした新しい文化に無知である。運動はあくまでも趣味以上のものではなく、「運動によって人間性が高まる」などというものでもない。一高の学生たちは幼稚なことにかまけていないで、もっと人生や社会問題に目を開くべきではないか——。

私の解釈でパラフレーズすると、寮生活や野球のようなエンタメを通じて集団の一体感を確認するばかりの学生生活は幼稚である。そうではなく読書や仲間との真剣な議論を通じて哲学や思想に対する見識を高め、個人のアイデンティティ確立を目指すあり方、すなわち個人主義的な学生生活こそが先端的である、ということである。

　こうした魚住の批評に現代でいう体育会系、すなわち一高のスポーツ愛好家たちは激怒した。当時の一高には、不埒《ふらち》な学生に対して「鉄拳制裁」を行う恐るべき学生自治団体「中堅会」が幅を利かせており、彼らは魚住に対して鉄拳制裁を下すことを決定（！）。しかし運動部系学生のなかにも魚住の論説や人柄に共感して彼を守ろうとする者がおり、中堅会による鉄拳制裁は未遂に終わった。

　そこで魚住と体育会系学生たちは、在校生を集めた演説会で決着をつけ

魚住折蘆（1883-1910）（国立国会図書館「近代日本人の肖像」より）
https://www.ndl.go.jp/portrait/datas/4330/

ることになった。一高には1学年300人程度、3学年合わせても1000人程度しかいないが、この演説会は700人が講堂に集結するほどの話題となった。最初は体育会系学生たちが魚住論文を批判したが、それに対して魚住がライブで敢然《かんぜん》と反論。会場が水をうったように静かになるなかで、最後に魚住は「すべからく自己の心霊の自由にかえれ」と決め台詞《ぜりふ》を放って壇上を降りた。

続いて開かれた第2回の演説会には一高生だけでなくOBの東京帝大生も多数加わり、1000人以上が集まった。そこで演説した16人のうち12人は魚住論文反対派で、擁護派は中間的立場も含めて4人しかいなかったが、数の劣勢を跳ね返してまたしても魚住が熱弁を振るい、観衆たちに深い感銘を与えた。魚住は「運動家の粗野を冷笑する」ことを通じて、体育会系に偏っていた一高のキャンパスカルチャーに、初めて〈文化系〉として楔《くさび》を打ち込むことに成功したのだ。

自殺する煩悶《はんもん》青年たち

この論争には、実は前段がある。藤村操《ふじむらみさお》という一高生が1903年5月に日光《にっこう》・華厳《けごん》の滝から投身自殺し、このことが一大センセーションを巻き起こしたのだ。藤村は、滝の傍《かたわ》らの木に「巌頭之感《がんとうのかん》」という遺書を書き残しており、それは以下のようなものだった。

悠々たる哉天壤《かなてんじよう》。遼々《りようりよう》たる哉古今。五尺の小躯を以て此大をはからむとす。ホレーショの哲学竟《つい》に何等のオーソリチーを価《あたい》するものぞ。万有の真相は唯一言にして悉《つく》す。曰く「不可解」。我この恨《うら》みを懐いて煩悶終《つい》に死を決するに至る。既に巌頭に立つに及んで、胸中何等の不安あるなし。始めて知る、大なる悲観は大なる楽観に一致するを。

この遺書の言葉は、現在でもさまざまな解釈がなされており、一定していない。

当時は旧制高校、帝国大学を経て職業的達成を遂げようという立身出世主義、個人を犠牲にして国家、社会、家族などの「大きなもの」に貢献しようという集団主義的価値観が主流だった。そのなかで、社会的・経済的にわずかばかりの自由を手にしつつあったエリート青年たちのあいだで、個人の自由な生き方を追求する個人主義が流行しつつあった。立身出世主義に背を向け、個人としての生き方に悩み、自ら命を絶った藤村の生き様は、一高生たちにも強い共感を持って受け止められたのだ。

遺書に記された「煩悶」という言葉と厭世観《えんせいかん》、そして哲学的な難解さは、他の若者世代の

東京・青山霊園、藤村の墓のそばにある「巌頭之感」の碑。

あいだでも魅力として受け止められた。多数の知識人たちも藤村の文学的才能を持ち上げ、華厳の滝では後追い自殺を試みる者が相次いだ。大人たちは大いに動揺し、この時期のメディア上で「煩悶青年」が一大キーワードとなったのである。

藤村の自殺は、当時一高の英語教師だった夏目漱石（当時は夏目金之助《きんのすけ》）にも大きな影響を与えた。漱石は藤村に英語の訳読を当ててもなかなかやってこないことから「なぜ予習をしてこないのか」と叱責《しっせき》したところ、藤村は「やりたくないからやらない」と答えた。藤村は勉強秀才であるはずの一高生でありながら――いや、だからこそ――「学校の勉強なんかしない」という態度で尖《とが》るタイプの学生だった。[28] 怒った漱石は「もう教室に出て来なくてもよい」と言い放ったが、その数日後に藤村が自殺したものだから、漱石は「自分のせいではないか」と苦悩したという[29]。

そして魚住は、中学時代に藤村と同級生であり、親友だった（藤村が先に一高に合格した）。魚住も藤村と同様に文学や哲学に傾倒し、自分の人生に悩み苦しんだ「煩悶青年」であり、藤村の死後に一高に入学、藤村の自殺を思想的に肯定する批評「自殺論」を『校友会雑誌』に発表した。魚住はこの批評のなかで、「大きなもの」に盲目的に貢献しようとする集団主義を批判し、自殺は究極の個人主義の表れであるとして擁護したのである。

日本の教養主義の致命的な欠陥

現代日本の〈体育会系〉〈文化系〉を考える上で、この時期に一高で起こった「分岐」は注目に値する。歴史学者の有山輝雄は、一高で起こった個人主義とスポーツをめぐる論争を次のように総括している。

注意すべきは個人主義的立場から校風を論じた学生たちも、決して運動が無意義であると唱えたわけではないことである。運動は個人の「趣味嗜好」の問題であると主張したのである。それからすれば、「趣味嗜好」として運動観、野球観が生成されるべき基盤はあったといえる。

しかし、実際には個人主義者たちは運動あるいは身体文化に背を向ける意識が強く、個人の「趣味」を基盤とする運動観、野球観は育ってこなかったのである。結果から見れば、「個」の自覚と運動とは、それぞれが相反する途に進むことになってしまったといえる。それは、たんに一高野球の衰退というだけでなく、スポーツと「個」の自覚との不幸な分岐点であった。[30]

魚住などの文学を好む個人主義者＝〈文化系〉の人々は、たしかに運動・身体文化に背を向けていった。文学や哲学に傾倒し、自我に目覚め、個人主義者となると、集団主義を拒否する態度が生まれ、「運動」こそが集団主義を象徴するものとして嫌悪された。そして運動は野蛮で動物的なものとみなされ、「自意識の襞《ひだ》が多ければ多いほど先端的である」という観念が生まれ、それがやがて大きなうねりを生み出していった。

教育社会学者の竹内洋《たけうちよう》は、魚住こそが「教養主義の元祖」であるとしている。[31] 教養主義とは、「読書を通じて人格形成を目指す態度」のことで、大正期から戦後の1960年代にかけて旧制高校・大学キャンパスで広く共有されていた価値観である。一高をはじめとした旧制高校で育まれた教養主義（＝読書を通じた人格形成）という思想は、近代日本では今もなお〈文化系〉の基盤になっている。

一高は政治的・社会的エリートを輩出する場であると同時に、夏目漱石、正岡子規、芥川龍之介、川端康成、菊池寛《きくちかん》、小林秀雄《こばやしひでお》など、日本の文学・哲学・思想の発展に大きく貢献した人物たちも輩出している。

魚住周辺の一高生には、後に教養主義の旗手となった阿部次郎《あべじろう》、安倍能成《あべよししげ》、そして岩波書店を創業する岩波茂雄《いわなみしげお》もいた。岩波茂雄の創業した岩波書店は、漱石の代表作となる『こゝろ』を自費出版したことをきっかけに事業を拡大、大正期には阿部次郎、安倍能成を擁した「哲学叢書《そうしょ》」シリーズを出版し、これが教養主義を信奉する旧制高校生たちのあいだで必読書となった。さらに、藤村の自殺が投げかけた「個人主義」という問題は、夏目漱石のその後の作家活動の大きなテーマとなっていった。

魚住は、自殺は個人主義の究極の達成であるとしたが、現代日本では「文学」と「自殺」のイメージが強く結びついている。一高出身、または旧制高校（ないしそれに類する学習院などの学校）出身者で自殺を遂げた作家に、芥川龍之介、川端康成、太宰治、三島由紀夫などがいる（川端以外は若くして死を選んでいる）。いずれも近代日本を代表する文学者だ。

一方、海外では必ずしも文学と自殺が同様に結びついているとは言いがたい。自殺を遂げた文豪としてはアーネスト・ヘミングウェイ、ヴァージニア・ウルフなどが知られるが、彼(女)らの死は老境に差し掛かった時期である。この点については世界文学全般にわたるさらなる研究が必要だが、日本文学で「文学」と「自殺」が特異なかたちで結びついている可能性については指摘しておきたい。

戦争文学の傑作『ビルマの竪琴《たてごと》』の作者で、戦前・戦後に一高の教授を務めていた竹山道雄《たけやまみちお》は、エッセイ「二十歳のエチュード」のなかで、1946年に一高で起こったある異様な事件のことを記している。

原口統三《はらぐちとうぞう》という学生は、寮内でたびたび自殺を公言していた。原口が群馬の赤城山で自殺を遂行しようとした際、級友たちは上野で彼を見送り、そのうちの一人は同伴した。ところが原口は自殺に失敗、一高の寮に戻ってくる。原口はまたも友人たちに見送られて湘南の逗子《ずし》海岸に赴き、そこで入水《じゆすい》自殺を遂げた。

その後、寮内で通夜が営まれた際には級友が新聞社に電話をかけて記者を呼び、原口の自殺がいかに崇高なものだったのかを熱弁、原口の自殺は新聞でも取り上げられた。さらに原口の死の前から本人の指示のもと、級友たちのあいだで遺稿集の出版企画が進んでいた。新聞記事を見た出版社の編集者がその企画を引き受け、『二十歳のエチュード』というタイトルで出版。好調な売れ行きを見せた[32]──。

自殺は、自らの精神（意思）のもとに自己決定し、自らの身体を破壊することで完遂されるものであるはずだ。魚住は、個人主義の観点で自己決定を擁護し、その究極のかたちとして自殺を肯定した。この論理では個人主義、文学、自殺がひとつの線で結ばれ、「先端的なカルチャー」とみなされてしまう。ここでは自己の身体への感覚、つまり「身体性」が決定的に欠落している。個人主義を出発点とした教養主義は、「身体性の喪失」という欠陥を抱えていた、といえるのではないか。

こうした議論が、はたして野球と何の関係があるのか、と思われるかもしれない。魚住は「運動は個人の趣味嗜好の問題である」と主張した。有山輝雄の論を敷衍《ふえん》するならば、「この時期の一高野球部は、個人の『趣味』を基盤とする運動観、野球観を育てるべきだった」ということになるだろう。この論に沿うならば、「運動はしてもしなくてもいい、趣味のようなもの」という認識になる。

ところが、現代ではさまざまな医学研究によって「運動は生活習慣病の予防、メンタルヘルスの向上、生活の質の向上に役立つ」ということが、科学的事実としてほぼ動かしがたいものになっている。今も昔も運動を人間の生活を支える重要な基盤のひとつとして捉えることは可能だったが、魚住は運動を「趣味嗜好」の枠に押し込めてしまった。魚住を元祖とする日本の教養主義は、「読書による人格形成」というカルチャーを作ったかもしれないが、その「教養」の対象には今も昔も「身体の扱い方」が含まれないままである。

そして一高野球部員たちは――もちろん当時は魚住の論の瑕疵《かし》を指摘できる科学的研究が積み重なっていなかったとはいえ――運動の重要性をもって魚住らの論に反論するのではなく、「校威を発信する」といった集団主義的価値観で自分たちの活動を正当化しようとする傾向を強めていった。これが後にメディアの力をブースターとして、「魂の野球」という文化性へと結実してしまうのである。

だがこの後、一高とは別の場所で、運動や野球をめぐる思想と行動は社会を巻き込んで大きく転回した。それが今もなお生き残り、大きく発展したもののひとつが「プロ野球」である。

そこで次章からは、野球の振興に大きな役割を果たした「日本冒険ＳＦ小説の祖」押川《おしかわ》春浪《しゅんろう》、「日本社会主義の父」安部磯雄《あべいそお》、そして記者や編集者、画家、野球選手などによる社交団体「天狗倶楽部《てんぐくらぶ》」の思想と行動について考えていきたい。

1　なお現在の大学・短大進学率は58・6％である。参考：文部科学省「令和2年度学校基本調査」 https://www.mext.go.jp/content/20200825-mxt_chousa01-1419591_8.pdf

2　文部科学省 学制百年史編集委員会「義務教育制度の確立」『学制百年史』 https://www.mext.go.jp/b_menu/hakusho/html/others/detail/1317613.htm

3　儒教の『礼記』にある「男女七歳にして席を同じゅうせず」というイデオロギーの影響がまだ強かったためである（実際には男女別学になるのは13歳からであったが）。

4　中央教育審議会「初等中等教育と高等教育との接続の改善について」１９９９年 https://www.mext.go.jp/b_menu/shingi/chuuou/toushin/991201.htm

5　文部科学省「我が国高等教育のこれまでの歩み」 https://www.mext.go.jp/b_menu/shingi/chukyo/chukyo0/toushin/attach/1335599.htm

6　京城帝国大学の遺産は現在のソウル大学校に引き継がれ、台北帝国大学は現在の国立台湾大学になっている。

7　第三高等学校が先に設立されたにもかかわらず第二高等学校のほうがナンバリングが若いのはなぜかというと、東北地方はそもそも戊辰戦争の際に新政府軍に歯向かった奥羽列藩同盟の本拠地で、反明治政府の土地柄を懐柔するためだったとされる。

8　三島由紀夫は、旧大名家や皇族など華族の子弟が通う学校である学習院の出身で、三島の出身校である学習院高等科は旧制高校ではないが、旧制高校と同等の教育機関と見なされていた。

9　ホーレス・ウィルソンは南北戦争に従軍経験のある元軍人でもあった。

10　ボストンの鉄道会社に就職、フィラデルフィアの会社に移ったのちに日本に帰国して、渡米中に知り合った伊藤博文の推薦で新橋鉄道局に入った。

11　徳川達孝は、兄にのちに貴族院議長、中止になった1940年東京オリンピックの組織委員会委員長も務めた徳川家達を持つ。もともと家達が田安徳川家の当主だったが、最後の将軍・徳川慶喜が戊辰戦争後に引退したのち家達が徳川宗家を継承したため、田安徳川家の当主は弟の達孝に継承された。

12　鈴木康允、酒井堅次『ベースボールと陸蒸気――日本で初めてカーブを投げた男・平岡凞』小学館、2005年

13　もっとも現在の慶應義塾高校や慶應義塾大学の「エンジョイ・ベースボール」は、厳しさのなかで楽しむというものであり、明治時代前半の牧歌的な文化からはかなり変質したものになっている。（加藤弘士『慶應高校野球部：「まかせる力」が人を育てる』新潮新書、2024年）

14　清水論『甲子園野球のアルケオロジー　スポーツの「物語」・メディア・身体文化』新評論、1998年、121-122ページ

15 当時は波羅大学という名称だったが、ここでは便宜的に明治学院と記載する。当時、明治学院の「白金倶楽部」はイェール大学で野球をプレーした経験を持つアメリカ人教師の指導を受け、日米の選手の混成チームで、南北戦争の頃につくられて現在も吹奏楽などで人気のある「ジョージア行進曲」を口ずさみながら、アメリカ式の派手なユニフォームを身にまとってやってくるアメリカナイズされたチームだった。（大和球士『真説日本野球史 明治篇』ベースボール・マガジン社、1977年、78ページ）

16 坂上康博『にっぽん野球の系譜学』青弓社、2001年

17 井上俊『武道の誕生』吉川弘文館、2004年

18 現代語訳は、「『くわしすぎる教育勅語』に掲載された教育勅語全文と現代語訳」（太郎次郎社エディタス http://www.tarojiro.co.jp/news/5905/）を参考にしている。

19 「校友会雑誌 号外 野球部史附規則」第一高等学校校友会、1895年2月22日発行、47ページ

20 竹内洋、デビット・ノッター「スポーツ・エリート・ハビトゥス」杉本厚夫（編）『体育教育を学ぶ人のために』世界思想社、2001年、7ページ

21 坂上前掲書、46ページ

22 橋爪和夫、勝木豊成、佐々木弘「剣道の発声に関する基礎的研究」『武道学研究20 - 2』1987年 https://www.jstage.jst.go.jp/article/budo1968/20/2/20_49/_pdf/-char/ja

23 君島一郎『日本野球創世記』ベースボール・マガジン社、1972年、53ページ
また、以前は正岡子規が「野球」という訳語の案出者だといわれることがあったが、実際の案出者は中馬である。ただし子規は前述のように「野球」と書いて「のぼーる」という雅号も用いており、一高の

後輩である中馬がそこから訳語のヒントを得た可能性はある。

24 テレビ朝日系『報道ステーション』2015年3月12日放送
25 平山亜佐子『明治大正昭和　化け込み婦人記者奮闘記』左右社、2023年
26 石坂友司「学歴エリートの誕生とスポーツ――帝国大学ボート部の歴史社会学的研究から」『スポーツ社会学研究10』2002年 https://www.jstage.jst.go.jp/article/jjss1993/10/0/10_0_60/_pdf
27 中村哲也は、一高の弱体化に関して一高入試の激化を原因のひとつに挙げている。（中村哲也「明治後期における「一高野球」像の再検討―一高内外の教育をめぐる状況に着目して―」『一橋大学スポーツ研究28』2009年）
http://www.rdche.hit-u.ac.jp/sports/2009nakamura.pdf
28 高田里恵子「学校の勉強なんかしない：男の特権!?」『応用倫理』2018年
29 竹内洋『学歴貴族の栄光と挫折』中央公論新社、1999年、195ページ
30 有山輝雄『甲子園野球と日本人 メディアのつくったイベント』吉川弘文館、1997年、39ページ
31 竹内前掲書、エピローグより
32 高田里恵子『グロテスクな教養』ちくま新書、2005年

第5章

天狗倶楽部と野球害毒論争

——早慶戦から甲子園野球の誕生へ

20世紀前半の日本野球史の展開

１９０４年、一高野球部は早稲田・慶應義塾に相次いで敗れたことで日本野球界での覇権を失っていくが、野球文化が本格的に発展するのはここからである。

まずは、この明治末期からの日本野球史とスポーツ史の展開を、主な出来事や野球以外の大事件も交えながら年表で整理すると、次ページのようになる。

この年表の要点は、以下の４点にまとめることができる。

① 日本の野球は大学野球、高校野球（戦前の場合は中等学校）、社会人野球、プロ野球の順番で発展してきた。
② 20世紀初頭から日米の野球チームは盛んに国際交流イベントを行ってきた。
③ 日本の野球文化は、戦前の「大日本帝国」の拡張主義（＝帝国主義）と並走して発展してきた。
④ 明治末期の「野球害毒論争」、昭和初期の「野球統制令」、戦中期の各種大会中止など、戦前日本では野球の存廃そのものが常に社会的問題となってきた。

年	出来事
1905年	創部してわずか3年で覇者・一高を破った早稲田野球部が、日露戦争の最中にアメリカ西海岸へ遠征。主将の橋戸信は当地での見聞や野球技術を著書『最近野球術』にまとめて出版、野球好きの学生や子どもたちのあいだで広く読まれる。日本は日露戦争に勝利し、中国東北部・遼東半島の租借権、南樺太の領有権、朝鮮半島の保護権を得る。
1906年	1903年から始まった早稲田・慶應の定期戦（早慶戦）が、両校の学生のあいだであまりに盛り上がりすぎた結果、わずか3年後の1906年に中止が決定される。
1908年	アメリカ・マイナーリーグの選抜チーム「リーチ・オール・アメリカン・スター・ベースボール・チーム」が来日、日本の大学チームなどと対戦し全勝する。
1909年	スポーツ社交団体「天狗倶楽部」が、日本初の市民が使える観客席つきの野球場「羽田運動場」を東京・羽田にオープンさせる。
1910年	早慶戦と同じく、盛り上がっていた一高三高の定期戦が中止となる。アメリカからシカゴ大学が来日し、早慶相手に全勝を挙げる。日本政府により韓国併合が行われる。
1911年	日本の体育・スポーツ振興を目指す団体「大日本体育協会（現在の日本スポーツ協会）」が、嘉納治五郎や安部磯雄らによって設立される。同年8月、東京朝日新聞が野球の流行を批判する連載「野球と其害毒」を掲載。野球界の者たちが読売新聞紙上で応戦し、人々の注目を集める（野球害毒論争）。その後、11月に日本選手団が初めて参加するストックホルムオリンピックの予選会が羽田運動場で開催される。
1912年	スウェーデンでストックホルムオリンピックが開催され、日本からは三島弥彦と金栗四三の2人が初めて派遣される。大会直後の7月30日に明治天皇が崩御し、元号が明治から大正に変わる。
1913年	メジャーリーグの2チーム（ニューヨーク・ジャイアンツ、シカゴ・ホワイトソックス）が初来日、東京・三田綱町グラウンドで慶應義塾大と対戦し大勝する。
1914年	第一次世界大戦が勃発し、日英同盟を理由として日本も参戦。早稲田・慶應・明治の3大学でリーグ戦が開始（ただし早慶の直接対決は行わない変則形式）。のちの六大学野球の嚆矢となる。
1915年	8月、大阪朝日新聞が「全国中等学校優勝野球大会」を大阪・豊中グラウンドで初開催、以後の夏の甲子園の原型となる。
1919年	第一次世界大戦の講和条約であるヴェルサイユ条約が締結、日本は敗戦国ドイツから中国・膠州湾（青島）の租借権、南洋諸島（現在のミクロネシア地域）の委任統治権を得る。

1920年	日本初のプロ野球チーム「日本運動協会」が設立、東京・芝浦に「芝浦球場」を建設する。
1921年	プロ野球チーム第2号「天勝野球団」が設立。
1922年	メジャーリーグ選抜が初来日、慶應のクラブチーム「三田倶楽部」と対戦し、三田が初勝利を挙げる。
1923年	8月、皇太子（後の昭和天皇）が軽井沢で早稲田野球部の練習と紅白戦を観覧、その後宮内省に野球チームが結成される。同年9月、関東大震災が発生し、天勝野球団は解散。日本運動協会は兵庫・宝塚に移転し、宝塚運動協会となる。
1924年	兵庫・西宮に阪神甲子園球場が完成する。大阪毎日新聞により選抜中等学校野球大会（のちのセンバツ＝春の甲子園野球）が開始される。第1回は名古屋開催だったが、翌年より甲子園開催となる。
1925年	普通選挙法とともに治安維持法が成立。早慶戦が再開され、早稲田、慶應、明治、法政、立教、東大（当時は東京帝国大学）による東京六大学野球が始まる。
1926年	10月、六大学野球のスタジアムとして東京・青山に明治神宮球場が完成。12月、大正天皇が崩御し、元号が昭和に変わる。
1927年	社会人野球の全国大会である「都市対抗野球大会」が始まる。
1929年	宝塚運動協会が解散。10月、アメリカ・ウォール街で株価が大暴落し、世界恐慌が始まる。日本ではこれ以前の1927年から金融恐慌が始まっており、世界恐慌はそれにさらに輪をかけた。
1931年	9月、中国東北部で満洲事変が勃発。同年10月、メジャーリーグ選抜が来日し、読売新聞社が結成した日本のオールスターチームと対戦、全勝を挙げる。
1932年	3月、満洲国の建国が宣言される。その直後、学生野球の健全化を目的とした文部省訓令「野球統制令」が発令。同年5月、五・一五事件で海軍青年将校により現職首相の犬養毅が暗殺される。
1933年	満洲問題をめぐって日本が国際連盟から脱退。
1934年	読売新聞社招致のもと再びメジャーリーグ選抜が来日、スター選手であるベーブ・ルースも参加。沢村栄治らを擁する日本のオールスターチームは再び全敗に終わったが、このチームをもとに「大日本東京野球倶楽部（のちの読売巨人軍）」が結成される。
1936年	日本職業野球連盟が結成され、プロ野球が始まる。同年2月、陸軍青年将校らによるクーデター「二・二六事件」が起こり、高橋是清蔵相、斎藤実内大臣ら首相経験者が暗殺され、岡田啓介首相、鈴木貫太郎侍従長（後の終戦時の首相）らも瀕死の重傷を負う。

1937年	7月、盧溝橋事件が勃発、日中戦争が始まる。同年9月、東京・小石川に後楽園球場が完成。
1939年	ナチスドイツがポーランドに侵攻、第二次世界大戦が始まる。日本プロ野球は3年目のシーズンを迎え、運営が安定し始める。
1941年	夏の甲子園が中止される。同年12月8日、真珠湾攻撃により日米が開戦、太平洋戦争が始まる。
1942年	朝日新聞ではなく国の主催のもと、「全国中等学校錬成野球大会」という名称で夏の甲子園が開催される（この大会は戦後、夏の甲子園としてはカウントされていない）。
1943年	東京六大学野球、都市対抗野球が中止される。同年10月には学徒出陣が始まり、出陣学徒壮行戦（通称「最後の早慶戦」）が早稲田の戸塚球場で行われる。
1945年	最後まで残っていた日本プロ野球も公式戦を中止。同年8月15日、日本の敗戦が国民に発表される。連合国の発出したポツダム宣言に基づき、日本は台湾、韓国、満洲などの植民地を放棄、中国からも全面撤退する。

本章では、一高野球部が衰退し始めた1900年代からの新たな展開を見ていくとともに、20世紀前半に野球界のオピニオンリーダーとして活躍した押川春浪、安部磯雄の思想、そして彼らの活動をバックアップしていたスポーツ社交団体「天狗倶楽部」の意義について考えていきたい。[1]

押川春浪は、1900年に小説『海洋冒険奇譚《きたん》 海底軍艦』でデビューした作家で、その後は少年少女向け雑誌『冒険世界』『武侠《ぶきょう》世界』などの主筆を務めた。商業的には同時代の夏目漱石を超える人気作家であり、「日本冒険SF小説の祖」ともいわれると同時に、野球をはじめとしたスポーツの振興に貢献した。

安部磯雄は早稲田大学の教授を務めた社会科学者・教育者で、1928年からは衆議院議員を5期務めるなど政治家としても活躍した。早稲田野球部の部長（部長といってもキャプテン〈主将〉ではなく、教育面での監督者である）を長く務め、他のスポーツの振興にも努めるとともに、早くから社会主義運動を行い、のちに国政政党「社会大衆党（戦後の社会党、社会民主党の前身）」の党首も務めた。

押川春浪と安部磯雄は、後述するように政治的スタンスには違いがあったが、同時代の日本では非常に社会的影響力の強い人物であり、ともに野球やスポーツの振興を信条としていた。春浪は1914年に38歳の若さで亡くなってしまうが、春浪が組織した「天狗倶楽部」には安部が指導した早稲田野球部OBも多数参加しており、これらの人物はのちに日本のアマチュア野球やプロ野球の発展に寄与していく。スポーツはこの当時から、政治やマスメディアとの関わりを強く持っていた。

オリンピックと野球は関係ない？

2019年に放映されたNHK大河ドラマ『いだてん～東京オリムピック噺《ばなし》～』は、戦前～戦後にかけて日本社会が「オリンピック」とどう向き合ってきたかをめぐる物語だった。本作は大河史上最低の平均視聴率8・2％（関東地区、ビデオリサーチ調べ）を記録した一方で、ヒットメーカーである宮藤官九郎《くどうかんくろう》が初めて大河の脚本を務めたこともあり、ドラマファンのあいだでは高い評価を得ている。

『いだてん』前半は、日本最初のオリンピック選手である金栗四三《かなくりしそう》（演：中村勘九郎《なかむらかんくろう》）を中心に明治末期から昭和戦前期の日本体育界の様子が描かれ、後半は1964年東京オリンピック招致の中心人物だった田畑政治《たばたまさじ》（演：阿部《あべ》サダヲ）を主人公に、敗戦で意気消沈した日本が東京大会開催をきっかけに「復活」していくまでが描かれた。

嘉納治五郎（1860-1938）

そして金栗・田畑とは別に、全編を通じたキーパーソンとして、大日本体育協会（現：日本スポーツ協会）初代会長、日本オリンピック委員会（ＪＯＣ）初代委員長、そして講道館柔道の祖でもある嘉納治五郎《かのうじごろう》（演・役所広司《やくしょこうじ》）の存在がクローズアップされていた。

「スポーツの祭典」近代オリンピックと野球は、そこまで関わりが深くない。近代オリンピックはフランス人貴族のピエール・ド・クーベルタン男爵によって１８９６年に始められた（第１回は古代オリンピック発祥の地、ギリシャ・アテネで開催）。しかし、野球が初めて公開競技になったのは約90年後、１９８４年ロサンゼルス大会からである。その後も正式競技として採用される大会とされない大会が続き、その地位は不安定である。近代オリンピックはヨーロッパ発祥であり、主に南北アメリカ大陸や東アジアなど環太平洋地域で発展した野球はあまり重視されてこなかったと考えられる。

しかし日本に限っていうと、当初からオリンピックと野球は近い位置にあった。『いだてん』でも描かれたように、日本選手団のオリンピック初参加は1912年のストックホルム大会からで、国内予選の会場を提供するなどバックアップしたのは、野球を中心としたスポーツ社交団体「天狗倶楽部」だった。

また、オリンピックに日本選手団を派遣するためのスポーツ振興団体「大日本体育協会（現在の日本スポーツ協会）」は、学生時代に野球をプレーした経験もある嘉納治五郎、そして早稲田野球部の部長である安部磯雄によって設立されている。当時の日本において「体育・スポーツ」と「野球」の発展は不可分な関係にあったといってもよいだろう。

バンカラ集団「天狗倶楽部」の文化性

このことを端的に示しているのが『いだてん』第1話の描写である。

近代化を果たして間もない明治時代、体育・スポーツは日本全体に浸透していなかった。そこで嘉納治五郎は、日本へのスポーツ普及のきっかけとすべく、すでにヨーロッパで始まっていたオリンピックに日本を参加させようと思い立つ。だが、遠い外国の地に選手を送るには資金が必要であるため、当時の大銀行である横浜正金《しょうきん》銀行（現在の三菱ＵＦＪ銀行の前身）副頭取の三島弥太郎《みしまやたろう》（演：小澤征悦《おざわゆきよし》）からの融資を得るべく、三島が自邸の庭園で行っているパーティに赴く。

そこに突然、野球ボールが飛んでくる。三島弥太郎の弟で、のちに金栗とともに日本人オリンピック選手第1号となる三島弥彦《みしまやひこ》（演：生田斗真《いくたとうま》）と、野球に興じていた仲間たち（天狗倶楽部）がボールを追って、パーティの場に乱入してきたのだ。

その面々は、パーティに参加していた早稲田大学創立者・大隈重信《おおくましげのぶ》（演：平泉成）たちの面前でなぜか上裸になり、供《きょう》されていたビールをラッパ飲みしながら「T・N・G！T・N・G！」と掛け声を揃えてダンスパフォーマンスを披露する。嘉納治五郎はあまりの意味不明さに度肝を抜かれる——。

この『いだてん』第1話は放送当時、SNS上でも大きな反響を巻き起こした。戦前＝不自由な社会というイメージに反して、彼らのパフォーマンスがあまりに自由なものだったからだろうか。

天狗倶楽部は、押川春浪周辺の人々によるスポーツ社交団体で、画期的なスポーツ関連事業を行って日本のスポーツ振興に貢献した。安部が指導した早稲田野球部の選手たちも数多く集い、彼らが後に日本のアマチュア野球やプロ野球を発展させていった。安部自身は天狗倶楽部のメンバーにはならなかったが、精神的には近い位置にいたと考えられる。

天狗倶楽部は当初、春浪がスポーツの振興・育成を目的とする日本初の本格的スポーツ団体「日本運動倶楽部」を創立した際に、付録的にできたものだった。春浪が主筆を務める雑誌『冒険世界』周辺の記者、評論家、画家、鉄道エンジニア、弁護士、劇作家、科学者などに加え、早稲田野球部をはじめ野球選手たちも集い、[2] 当初は新聞紙上で「文士チーム」などとも呼ばれていた。もちろん、彼らは当時としては非常に高度な教育を受けた上流階級の人々であった。

文化人としては押川春浪を筆頭に、京浜電気鉄道（現在の京浜急行）の鉄道エンジニアで文芸評論家としても活躍した中沢臨川《なかざわりんせん》、当時の大新聞だった萬朝報《よろずちょうほう》や東京日日《にちにち》新聞（現在の毎日新聞）で活躍したジャーナリストの弓館小鰐《ゆだてしょうがく》、アール・ヌーヴォー様式を取り入れたイラストで好評を博した画家の小杉未醒《こすぎみせい》、日本のテニス普及に尽力した編集者の針重敬喜《はりしげけいき》、早稲田大学在学時には応援隊の「野次将軍」として人気を博した読売新聞の吉岡信敬《よしおかしんけい》などがいた。

さらにはスポーツ選手として、学習院のエースで東京帝大進学後の１９１２年ストックホルムオリンピックに日本選手として初めて出場（陸上短距離）した三島弥彦、一高を破った

押川春浪（1876-1914）

早稲田の初代主将である橋戸信《はしどしん》、初期のエース河野安通志《こうのあつし》、春浪の実弟で早稲田三代目主将の押川清《おしかわきよし》、早稲田出身で戦前〜戦後にかけてアマチュア野球のオピニオンリーダーとして活躍した飛田穂洲《とびたすいしゅう》なども加わる。

天狗倶楽部のメンバーはアマチュア野球やプロ野球の創設・拡大に大きな役割を果たしており、押川清、河野安通志、橋戸信、飛田穂洲、さらに雑誌『運動界』の主筆となり神宮球場の建設にも尽力した太田茂《おおたしげる》（志蹴）の5人は、のちに野球殿堂入りを果たしている。

彼らは野球、相撲、テニス、柔道などさまざまな運動を行っていたが、そのなかでも特に活発だったのが野球チームの活動である。その特徴を表す一節を紹介しよう。

負けても勝っても、法螺《ほら》を吹いたり、負け惜しみを言ったりすることでは人一倍のチームである。たとえ点数ではグーの音も出ないような大敗であっても、彼らは決して負けたとは言わない。もし間違って「負けた」と言ったとしても、「わざと負けてやったのだ」と言い張るあたりが面白い。そして、もし一点でも勝つことがあれば、手の付けようがないほど調子に乗り、試合後は他人を近づけないほどの自信に満ち溢れるのだ。

（中略）

試合中、打てるかどうか、ボールを捕れるかどうか、といったことを気にする連中ではない。たまたまヒットを打ったり、思わぬファインプレーができたりすると、それだけを何十日も自慢し続ける。一方で、ミスや下手だったプレーについてはすっかり忘れてしまうほど天真爛漫である。

おそらく、世の中の運動として野球を楽しむ紳士たちの中で、天狗チームほど「運動そのものを楽しむ」チームはないだろう。試合の責任を感じるような野暮なことはせず、仲間が簡単に捕れるボールを大げさに追い回し、二歩で行ける距離をわざわざ五歩十歩よろめき、試合中は腹を抱えて笑い、ほとんどの試合に三時間以上を費やす。そうした様子を見ると、運動としてこれ以上楽しい野球はないだろう。

（横田《よこた》順彌《じゅんや》『［天狗倶楽部］快傑伝 元気と正義の男たち』朝日新聞出版、２０１９年、17ページから筆者が現代語訳）

とにかくお調子者で天真爛漫《てんしんらんまん》であり、結果にこだわらず、ミスは忘れ、いいプレーができたら際限なく増長する。新橋アスレチック倶楽部や正岡子規の時代の「エンジョイ・ベースボール」に、豪快なバンカラカルチャーを加えたような文化性である。

正反対な一高野球部と天狗倶楽部

ここには一高野球部のような「野球（の猛練習）を通じて修行をし人間的に成長する」「学校や国家の威信のため、とにかく勝利にこだわる（勝利至上主義）」というような、「魂の野球」の性格は薄い。たとえば、天狗倶楽部にはせっかく一流プレイヤーがいるのに、試合では野球があまりうまくない、以下の3名が中心となっていた。

1人目は押川春浪、前述のとおり「日本冒険SF小説の祖」である。早稲田大学野球部主将を務めた弟の押川清とは大きく違い、青白い文学青年然とした佇《たたず》まいで、あまり野球はうまくなかった。にもかかわらず試合ではピッチャーかショートという花形ポジションを頑《がん》として譲ろうとせず、当時すでに野手もグローブを使うのが一般的だったのに、かたくなに素手で守ろうとした。

2人目は吉岡信敬で、この人物はいわば「応援団の祖」である。早稲田中学時代には野球部員だったが、早稲田大学進学後には応援に専念した。統率力が非常に高く、吉岡のもとに集った人々によって自然発生的に野次隊（応援隊）が発生し、現在の早稲田大学応援部の原型となった。「フレーフレー早稲田」というエールを日本で初めて行った人物としても知られる。「虎ひげ野次将軍」として一般にも有名な人気者であり、のちに読売新聞に入社した。

3人目は弓館小鰐、スポーツライターの先駆け的存在である。早大在学時には野球部マネージャーを務め、卒業後は大手新聞である萬朝報で記者として活躍、のちに東京日日新聞に移籍。背が低いため「小学生」と呼ばれていたことからペンネームが「小鰐」となった。『スポーツ人国記』をはじめ、スポーツに関するさまざまな記事や著作を残した。

天狗倶楽部は一日に3～4試合もこなし、一高のような「猛練習」ではなく試合優先であった。勝利のために有力選手に頼ることをせず、春浪・吉岡・弓館のような「野球がうまくない人たち」を主役にし、上手な選手はそこに混ざってサポートに徹していたわけである。

現代風にいえば「ユニバーサルスポーツ（年齢や性別、障がいの有無、スポーツの得意・不

	一高野球部	天狗倶楽部
指向性	官立学校のため活動の正当性確保に苦慮、外部指向性少なめ	在野の自主団体であり、メディア業界人が多く外部に向けた発信にも熱心
商業性	なし	あり
活動スタイル	練習中心（猛練習）	試合中心
目標	集団への貢献（校威発揚、国家への献身）	体育の振興
チーム組成	エリート主義（選手制度）	ユニバーサルスポーツ
文化性	勝利至上主義	享楽主義

得意などにかかわらず、誰もが一緒に楽しめるスポーツ）」の文化性を志向していた、ともいえる。

試しに、一高野球部と天狗倶楽部の違いを整理してみよう（表参照）。

すでに述べたように、一高野球部は官立エリート校内のチームであるがゆえに、さまざまな困難に直面し、その活動にも限界があった。周囲からの野球排撃のプレッシャーをかわすため「猛練習」という禁欲主義的なパフォーマンスを必要とし、校威発揚や国家への貢献といった外部的な有用性で自らの存在意義を正当化しなければならなかった。そのためとにかく結果にこだわり、苦心《くしん》惨憺《さんたん》の練習と勝利至上主義を特徴とした。また官立学校のため、いくらチームが有名だといっても交通費・宿泊費をかけて遠方のチームと対戦しに遠征したり、逆に予算をかけて遠方のチームを招待したり、試合で見物客を集めて入場料を徴収し利益を上げるような活動は、大っぴらに行うことができなかった。

一方、天狗倶楽部は禁欲的ではなく享楽主義であり、自主団体だったため一高のような猛練習のパフォーマンスが必要なく、「楽しむ」ことをストレートに追求できたため、試合中心の活動だった。「野球を通じた国家への貢献」などといったやや強引な論理も必要なく、一方で「体育の振興」が目標であったため、勝利至上主義よりもスポーツのユニバーサル性を打ち出した。スポーツ環境の開拓も行い、市民が使える運動場として「羽田運動場」を作ったり、そこで興行試合を開催したりと派手な活動も行うことができた。

この時期の日本の野球界に急速に浮上し始めたのは、「学生生活を終えたときに野球を卒業するか、それとも付き合い続けるか」という問題だった。

一高野球部の場合、選ばなければ東大・京大などの帝国大学への進学が保証されており、官僚、弁護士、医師などの社会的エリートになることが約束されていた。野球を続けるよりも、立身出世を果たすことで国家に貢献することが重視されたのである。

ここまで一高、早稲田、慶應、明治学院、学習院などの野球部の存在に触れてきたが、これらの学校では19世紀後半から野球部が存在する一方、一高生の多くが進学する東京帝国大学で野球部が誕生したのは１９１７年になってからである。帝大生にとって職業人生の直前となる帝国大学では、勉強に打ち込むべきだと考えられていたからだ。つまり一高野球部員たちは、「大人になってまで野球などという遊びにかまけているのはみっともない。大人の男なら仕事に打ち込むべきだ」という一般的な道徳観念と一体化しがちだった。そのため東大に野球部ができるまでは、野球に関わり続けたいＯＢたちは一高野球部のコーチをするぐらいしかなかった。

その一方、一高～帝大（立身出世を果たそうというトップエリート）の外側の世界では、大学生だけでなく中学生たちへの野球の普及とともに、「自分たちが楽しいと思う遊びを続けたい」というニーズが増大しつつあった。そのなかでさまざまな問題がメディアを交差点として生まれ始めていた。

こうしたテーマを近年、小説のなかで描いたのが直木賞作家・木内昇《きうちのぼり》の『球道恋々』（新潮社、２０１７年）である。フィクションではあるが非常に興味深い内容なので、あらすじをざっと紹介しよう。

主人公は、かつて一高野球部に在籍したものの万年補欠、家庭の事情で帝大進学を諦め、今は文具専門紙の編集長をしている中年男性・宮本銀平。ある日、銀平は成り行きで一高野球部のコーチを引き受けることになった。一高野球部は凋落の一途を辿っており、かつて黄金時代を築いた野球部ＯＢたちへの指導を仰ごうとしていたのだ。ところが一高ＯＢたちは帝大を卒業し、立身出世を遂げて仕事に忙しかったため、野球のコーチどころではなかった。そこで特に立身出世しているわけでもない、暇そうな銀平に白羽の矢が立ったのだ。そうして銀平は、昔ながらの精神主義に凝り固まる一高野球部に違和感と可笑しさを感じつつ付き合っていく。

木内昇『球道恋々』（新潮文庫）

そんなとき銀平は、売れっ子小説家で人気雑誌の主筆でもある押川春浪と知り合う。春浪は銀平と同じく中年男性だが、驚くべきことに少年時代と同じような情熱で野球にのめり込んでいた。銀平は、春浪の主催するメディア業界人チーム「天狗倶楽部」の一員となり、やがて在京メディア同士の熾烈な言論闘争＝野球害毒論争に巻き込まれていく――。

『球道恋々』は架空の人物である銀平を通し、日本野球の創世期を描いた作品である。作者である木内昇は、「学生野球というモラトリアムを通過した後、野球とどう付き合っていくか」という点に着目している。やや結論を先取りしていえば、一高野球部的な論理はやがて甲子園野球となり、天狗倶楽部的な志向は後にプロ野球を生み出していくことになる。

「日本冒険ＳＦ小説の祖」押川春浪の先駆性

まずは天狗倶楽部の頭目、売れっ子小説家でもあった押川春浪、本名・押川方存《まさあり》について見ていこう。

方存は、松山藩の武家出身でキリスト教教育の先駆者、そしてのちに衆議院議員となった押川方義《まさよし》[3]の長男として、１８７６年に愛媛県松山市で生まれた。幼少期は父について日本各地を転々としたが、方存は小学校を卒業後に単身上京し、１８８９年に明治学院に入学、そこで野球に出会って野球部に入部する。しかし野球にのめり込むあまり2年続けて落第したため、父・方義のいる仙台に召還され、方義が校長を務める東北学院に編入させられた。ここでも仲間とともに野球部を結成している。父は仙台の自分のもとに置くことで息子の改心を期待していたが、方存は学校の西洋人教師や上級生との喧嘩はもちろん、授業中に嫌いなクラスメイトの長髪に火を付けて燃やすなどの蛮行を行ったため、校長である方義もかばいきれなくなり退学処分となった。

その後の方存は各地の学校を転々としたのち、１８９５年に方義の知人である大隈重信が設立した東京専門学校（のちの早稲田大学）に入学した。ここでも方存の蛮行は止まず、交番に馬で乗りつけて交番を破壊したり、街中でゴロツキと「道を譲る、譲らない」で喧嘩となり十数人を相手に大立ち回りを演じて袋叩きにされたりもしたという。一方で、方存は東京専門学校でも野球部を創部するなど、単なる不良にとどまらない行動力を見せていた。

方存は喧嘩やスポーツに明け暮れるだけでなく読書家でもあり、幼少時から『三国志』や『水滸伝《すいこでん》』などの中国の冒険小説や、ヴィクトル・ユーゴーの『ノートルダム・ド・パリ』、『レ・ミゼラブル』、アレクサンドル・デュマの『三銃士』、『王妃マルゴ』、『モンテ・クリスト伯（以前は『巌窟王《がんくつおう》』の邦題で知られた）』など、当時日本に流入しつつあったフランスの大衆小説などを好んだ。そのなかでとりわけ、ジュール・ヴェルヌから大きな影響を受けていると考えられる。

ジュール・ヴェルヌは『月世界旅行』『海底2万マイル』『八十日間世界一周』『十五少年漂流記（現在の日本では原題Deux Ans de Vacancesを直訳した『二年間の休暇』というタイトルで出版されていることもある）』といった冒険小説、SF小説が有名である。

とりわけ『海底2万マイル』は、海洋生物学者のアロナックスを主人公に、まだ開発されて間もなかった潜水艇の技術をよりスケールアップした「潜水艦ノーチラス号」とネモ船長との冒険を描いた作品である。現在、東京ディズニーシーに同名のアトラクションがあり、1990年には同作を原案とした庵野秀明《あんのひであき》監督によるテレビアニメ『ふしぎの海のナディア』も放映され人気を博すなど、『海底2万マイル』は日本でも極めてポピュラーな作品である。

ヴェルヌの冒険SF小説に多大な影響を受けた方存は、自分でも勇壮で娯楽性に富んだ小説を執筆したいと考え、3ヶ月かかって冒険SF小説『海島冒険奇譚 海底軍艦』を書き上げ、この作品を『こがね丸』で知られる日本児童文学の祖、巌谷小波《いわやさざなみ》に持ち込んだ。巌谷はその出来に注目し、巌谷の推薦によって『海底軍艦』は当時の大手出版社だった博文館の子会社、文武堂から1900年（明治33年）に出版された。このときに押川方存は「作家・押川春浪」としてデビューし、同作は少年少女読者から熱狂的に支持された。日本では江戸時代から寺子屋教育が行われており、維新以降に小学校への就学率が急激に高まったこと[4]もあって子どもたちの識字率が高く、少年少女向けの読み物が早くも商業的に成立していたのである。[5]

この時期の作家として現代でも有名なのは夏目漱石だが、春浪は当時としては漱石以上の売れっ子だった。ただし春浪の作品が子ども向けの大衆小説だった一方、漱石は大人向けで文学性が高いとみなされたため、現代日本での知名度はかなりの差がある。ちなみに『海底軍艦』はインターネット上の青空文庫でも読めるので、興味があれば検索するなどして見てみてほしい（「海底軍艦　青空文庫」などのキーワードで検索すればすぐに読める）。

『海底軍艦』の簡単なあらすじを紹介しよう。日本へ就航中の船が海賊に襲われ遭難した青年が、居合わせた少年とともに無人島に漂着、そこで秘密裏に潜水艦を開発中の軍人たちと出会い、冒険を繰り広げる物語である。この作品は、ユーゴーやデュマの作品に見られる現実政治を舞台にしたバトル、ヴェルヌの『十五少年漂流記』に見られる世俗から解放された無人島での冒険、同じくヴェルヌの『海底2万マイル』に登場する潜水艦というSF的なガジェットの新奇さなどの3つの要素を組み合わせた作品だった。

このあと春浪は数々のヒット作を出していくが、冒険、メカ、バトルの組み合わせという、いわばジャンプ漫画やライトノベルの原型のような作品を書いていた。彼はユーゴー、デュマ、ヴェルヌなどのフランス大衆文学のエッセンスを、中国由来の『水滸伝』などの武侠小説、日本の『南総里見八犬伝』のような武家小説と合体させ、さらには潜水艦、戦車、空中飛行艇などの真新しいガジェットと合わせて独自の作品世界をつくり出していたのである。

先に述べたように春浪は明治末期から大正期にかけて売れっ子作家であったが、現代の少年少女向け漫画等では見られない政治性が強く見られるため、戦後の文学研究者たちからはあまり評価されてこなかった。

たとえば『海底軍艦』では、日本の潜水艦と戦艦が海賊とバトルを繰り広げるシーンがクライマックスだが、勝利して最後に日本の港に帰ってくるまさにそのときに、「大日本帝国万歳！　帝国海軍万歳を三呼しましょう」と読者に呼びかける記述があり、日本のその後のアジア侵略を無邪気に称賛するような表現に読めてしまう。作品全体のトーンはあくまでも楽天的な冒険ＳＦ小説だが、素朴な「大日本帝国賛美」の思想や、欧米人への強い対抗意識が散見されるのだ。

ただ、『海底軍艦』は日清戦争と日露戦争の中間にあたる１９００年刊行と、韓国併合（１９１０年）や満洲事変（１９３１年）以前の作品なので、侵略の肯定という政治的意図があったとは考えにくい。また後年の作品には、当時アメリカの植民地だったフィリピンの独立運動家エミリオ・アギナルドを称賛するような記述も見られるため、かなり素朴なレベルの「アジア主義（＝欧米列強のアジア侵略に対してアジアの団結を図ろうとする主張）」の考えは持っていたのだろう。

もっとも、現代日本において作家としての春浪の評価は見直しが進んでいる。春浪は『海底軍艦』の出版後に、当時の大手出版社である博文館に編集者として就職し、冒険ＳＦやスポーツを主題とした少年少女向け人気雑誌『冒険世界』の主筆（編集長兼メインライター）として活躍、同時に多くの冒険ＳＦ小説を精力的に発表していった。それらの作品は、戦前日本の代表的なＳＦ小説家である海野十三《うんのじゅうざ》、『新青年』（『冒険世界』の後継誌）を主な活躍の舞台とした江戸川乱歩《えどがわらんぽ》や横溝正史《よこみぞせいし》などの探偵小説家、さらには幼少期に春浪作品を読んでいた手塚治虫《てづかおさむ》などを通じて、漫画や野球など現代日本の「少年」的な想像力に少なくない影響を与えたと考えられるからだ。

安部磯雄、嘉納治五郎とオリンピズム

次に、「日本野球の父」「日本社会主義の父」こと安部磯雄について見ていこう。

20世紀に入った1900年代初め、当時の東京専門学校（のちの早稲田大学だが、以降はわかりやすくするため「早稲田」と表記する）でも、徐々に野球サークルが形成されて野球チームの体をなしていた。

当時の早稲田で経済学などの教鞭をとっていた、ヨーロッパ、アメリカへの留学経験のある安部は、スポーツ好きだったこともあって野球部をしばしば見に行っていたことから部員たちから請《こ》われて部長（今でいうキャプテンではなく、部活の顧問のようなものである）に就任、部員たちと一緒にただの空き地だったグラウンドの整地や草むしりなどを行った。

まだ弱小で、早稲田中学にすら敗れる有様だった早稲田野球部は、徐々に実力をつけていき、1903年には最初の早慶戦を行った。翌1904年初頭、安部は部員たちの前でこう宣言した。「今年全勝したら、皆をアメリカに連れて行きましょう」——。

当初はできるはずのない目標を掲げて選手たちを叱咤《しった》しようという意図だったらしいが、選手たちがこの言葉に奮起し、その年に一高、慶應、学習院などの強豪を次々に破り、全勝を成し遂げてしまう。本当に全勝すると思っておらず進退きわまった安部は、早稲田の創立

者である大隈重信に対し、「早稲田の野球部がアメリカ遠征で試合をする際には入場料を取り、それを旅費や滞在費に充当します。さらにお金が余れば早稲田の校地の改築費用に充てましょう」とプレゼンし、鷹揚《おうよう》な性格の大隈は「それなら、まずはやってみなさい」と、うっかり資金を拠出してしまった。

当時は日露戦争真っ最中である。日本と交戦中のロシア帝国バルチック艦隊がマレー半島沖を回り、南シナ海そして日本海へと侵入しようという緊迫したタイミングで、安部と早稲田野球部一行はアメリカ西海岸へ野球旅行に船出したのであった。

安部磯雄（1865-1949）

この「早稲田のアメリカ遠征」には、安部の思想的傾向も大きく関係している。安部は早くからキリスト教教育を受けて、キリスト教神学の勉強のためアメリカに渡った際、ロシアの文豪トルストイの著作を数多く読み、その「非暴力」の思想に影響を受けた。同時に、アメリカでは同級生たちに倣《なら》ってテニスをはじめとした屋外スポーツに親しむようになった。

さらにアメリカを経てロンドンに渡った際、現地の新聞でオックスフォード大学とアメリカのイェール大学が陸上競技の国際試合を行ったという記事を見かけ、「もし世界各国が武力の競争を止めて運動競技に力瘤《ちからこぶ》を入れるようになれば、人類の幸福は如何に促進されることであろう」[6]と考えたという。

この発想はフランス貴族ピエール・ド・クーベルタンによって始められようとしていた近代オリンピックとほぼ同じだった。クーベルタンのオリンピックの理念＝オリンピズムとは、「スポーツを通じて心身を鍛え、世界の色々な国の人たちと交流し、平和な社会を築いていこう」というものである。[7]

安部やクーベルタンと同じ時期、日本の教員養成の最高峰である東京高等師範学校（現在の筑波大学）の校長だった嘉納治五郎も「運動を通じた世界平和」を考え、アジア諸国のなかでもっとも熱心にオリンピック参加を主導した。

もっともクーベルタンと嘉納の違いは、クーベルタンがかつてギリシアで行われていた古代オリンピックの「男子による競技」を重視して女子のオリンピック参加に難色を示したのに対し、嘉納は早くから女子の門下生を受け入れていたという点である。[8]

嘉納は、多くの人に実践できる運動の条件として、①誰でもできること、②費用がかからないこと、③男女年齢の区別なく好き嫌いがなく、なるべく熱中できるものとして、徒歩、長距離走、水泳、柔道を推奨していた。[9]

嘉納と安部は意気投合する仲であり、1909年には大日本体育協会をともに創立し、日本選手団のオリンピック初参加を強力に主導する。その後、1920年代から嘉納は貴族院議員、安部は衆議院議員となり、政界でも力を持っていくようになる。現代日本でいえば——この喩《たと》えが良いのか悪いのかわからないが——森喜朗《もりよしろう》のような、政治と密着した〈体育会系〉の元祖のような存在ともいえる。

安部はオリンピックへの参加とは別に「国際競技」として日米の大学チームの野球を通じた交流を推進していき、慶應、明治など他の私学もこれに続いていくことになる。

相克する「アマ」「プロ」のイズム

もっともここにはすでに、後に起こる問題の萌芽もある。「アマチュアリズム」、「プロフエッショナリズム」などの概念を整理することで見ていこう。

日本の野球界ではプロ・アマ断絶という問題が知られる。たとえばプロ野球選手やOBなどは、基本的に学生野球選手の指導をすることができない。ルール上は「父・長嶋茂雄は、プロ入り前の息子・長嶋一茂に野球を教えてはいけなかった」のだ。現代ではイチローがシアトル・マリナーズ所属のまま高校野球の指導をしている姿が報道されるが、イチローは学生野球資格回復の手続きをとり、かつプロチーム所属の人間としては特例で指導が認められているからである。

プロ・アマ断絶は、一般には戦後の１９６１年に起きた「柳川《やながわ》事件」[10]がきっかけとされている。だが、この説明は野球史の流れを見ると必ずしも正しくない。早くも１９００年代初頭には、アマチュアリズムとプロフェッショナリズムの相克《そうこく》が問題化していたのである。

アマチュアリズムとプロフェッショナリズムの相克は近代オリンピックでも見られるものだ。オリンピックでは長らくプロスポーツ選手の参加が禁じられてきたが、それはオリンピックがアマチュアリズムを重視してきたからである。どういうことだろうか。

クーベルタンはフランスの貴族出身であるが、貴族とスポーツは歴史的に深く結びついてきた。クーベルタンは、古代オリンピックともうひとつ、イギリスのパブリックスクールで行われたスポーツを理想としていた。

なお、パブリックスクールは貴族の子弟たちが通う、男子のみの中等教育機関（現代の日本では中学、高校に相当する）である。「パブリック」とあるが公立学校という意味ではなく、すべて私立学校であり、高額の授業料が必要となる。近世以前のイギリスでは、貴族の子弟の教育は宗教機関や家庭教師によるものが中心だったが、それをよりオープンにして宗派に関係なく、家庭教師を雇うなどの私的教育に頼らずに集団で学べる場、という意味で「パブリック」なのである。

パブリックスクールでは規律や紳士的な振る舞いが重視され、クリケットやフットボール（サッカー、ラグビー）などのスポーツが人格形成の手段（＝いわゆる「教育の一環」！）として位置づけられていた。そのためパブリックスクールでのスポーツは、現代日本の運動部活動のように「好きなスポーツの部に入部し、放課後に活動する」というものではなく、正規の授業のなかに位置づけられていた。

アマチュアリズムは、辞書やネットを検索すると色々と定義が述べられているが、どれもわかりにくい。私の言葉で非常に簡単にいえば、アマチュアリズムとは「やるべきことをやってからスポーツを楽しむ」という考え方のことである。

貴族の場合、領地経営や政治活動などの自身の仕事をきっちりやった上で、楽しみとして参加するのがスポーツであり、だからこそスポーツは俗世間の価値観から離れた素晴らしいものだと考えられた。スポーツが聖性を持ち続けるために、「やるべきことをやった上で、それとは別にスポーツを行う」ということが必要だったのだ。

ところがイギリスやアメリカでスポーツが大衆化するにつれ、19世紀後半から労働者もスポーツに参加し始め、やがてスポーツの興行がビジネスとして成立し始めた。[11] すると貴族のようなお金と時間のある有閑階級ではなく金銭的・時間的に余裕のない労働者たちは、「スポーツそのものでお金を稼ごう＝スポーツを労働にしよう」と考えるようになっていった。

日本における野球も、これと同じ道を辿ることになる。最初は「文武両道」で特権的モラトリアム空間を享受できた官立エリート校の一高野球部が覇権を持っていたが、しだいに私学の早慶へとその覇権が移り、官立と違って私学には「教育の自由」の範囲が大きいため、プロフェッショナリズムへの傾きが生まれていくのである。

早稲田のアメリカ遠征と「早慶戦中止」事件

さて、早稲田のアメリカ遠征に話を戻そう。安部の「スポーツを通じた国際平和」という当時としてはスケールの大きすぎる発想のもとに行われたこの遠征で、早稲田チームはスタンフォード大学、カリフォルニア大学（現在の「UCバークレー」ことカリフォルニア大学バークレー校）、南カリフォルニア大学、ワシントン大学といったアメリカ西海岸の名門大学に加え、陸軍や海兵隊、さらにはマイナーリーグやアメリカ先住民のチームまで、さまざまな野球チームと対戦し、結果は7勝19敗だった。なお、安部が大隈に約束したような利益はほとんど得られなかったと思われる。

早稲田野球部は帰国後、日本野球にアメリカの最新技術を持ち込んだ。バントやスクイズ、ワインドアップ投法（両手を頭まで振りかぶる投げ方）、グローブやミットや捕手のプロテクターの正しい使い方、スパイクの着用、チェンジオブペース（カーブなどの曲がる変化球ではなく、チェンジアップやスローボールのようなかたちでストレートに緩急をつけること）、ウォーミングアップやコンディショニングの方法などが伝えられたのだ。こうした知識は、安部の指示により主将の橋戸によって『最近野球術』という本にまとめられ、日本の野球界で広く読まれた。

このとき日本に持ち込まれた要素を抽象化して3つ挙げるなら、①科学的思考、②アントレプレナーシップ、③ファッション性である。

①の科学的思考とは、現代のスポーツにおける運動生理学、栄養学、バイオメカニクス、

トレーニング理論、統計学の活用のようなものではなく、「スポーツを論理的に思考する」という程度の意味合いである。それまでの日本野球界――この時点ではそれほど大きいものではないが――では、一高野球部のように精神主義が強調されがちだった。だが橋戸は、怪我をしないためにウォーミングアップを行い、疲れたら身体を休ませたりケアしたりするコンディショニングの考え方を重視し、動作においても「ここにこういう力をかけるとこう身体が動く」というように論理的に解析する思考を紹介したのである。当時、嘉納治五郎も柔道に「科学」という言葉を持ち込んだが、嘉納もまた柔道の驚異的な技を神秘や精神力の産物とせず、技のメカニクスをロジカルに解説しようとした。

②のアントレプレナーシップについてだが、橋戸たちはアメリカ西海岸でマイナーリーグの試合を観戦し、「野球の試合をイベントにしてお金を稼ぐ」という様子を目《ま》の当たりにした。福澤諭吉《ふくざわゆきち》や「日本資本主義の父」こと渋沢栄一《しぶさわえいいち》が「官尊民卑」という言葉を用いて批判したように、明治という時代では政府や官吏に関連する事業を尊いとし、民間の事業などを卑《いや》しむ風潮が根強かった。福澤は官尊民卑によって個人の自由や自立が損なわれる、渋沢は経済発展に不可欠な民間の力が妨げられる、だから打破すべきだと考えていた。

「大学」と名乗っておりエリート教育機関であることは同じでも、帝国大学が政府から認められた大学であるのに対し、早稲田などの私立は正式には「専門学校」であった。帝国大学は官吏養成を主眼とし学問そのものを追求する場であったのに対し、早稲田などの私立大学は実学や職業教育に重点を置いていたのである。

早稲田の教員であると同時に経済学者でもある安部もまた、民間による商業を非常に重視しており、アメリカ遠征は現代風にいえば学生たちへのアントレプレナーシップ教育（起業家教育）の一環でもあった。この観点からすれば、たとえ野球の試合であっても、市民たちへ娯楽を提供してその対価を稼ぐことは決して悪いことではなく、むしろ学生たちのアントレプレナーシップ体験の機会として重要なものであった。この後の大学野球では入場料徴収が一般化していくことになる。

また安部は、アメリカの大学生たちがスポーツの応援にカレッジエール（大学の応援歌）、カレッジフラッグ（大学のカラーや校名が記載された小旗）などを用いて、応援の統率者（リーダー）の指揮のもとでマナー良く、かつ楽しく応援している様子に着目した。そこで安部は帰国後、早稲田の応援隊を指揮していた「虎ひげ野次将軍」こと吉岡信敬にこの集団的応援スタイルを伝授した。これは、野球の試合を娯楽として提供する上では重要なポイントであった。

③のファッション性については、実際に身につけるものと動きの華やかさの2つがある。それ以前は野球の試合では足袋《たび》を使っていたが、アメリカ遠征以降にスパイクが持ち込まれた。またユニフォームは、それまでシャツの胸に一文字をあしらう程度の質素なデザインだったのが、横に長く「WASEDA」とつけるデザインへと変わった。

また、動きのレベルでは、投手の河野安通志がアメリカで覚えたワインドアップ投法を持ち込んだ。それまで日本の野球ではノーワインドアップ（ピッチャープレートに一旦正対してから投げる）やセットポジション（横向きのまま投げる）が一般的だったため、河野のワインドアップは「派手な動き」として話題になったのである。美人画で有名な画家の竹久夢《たけひさゆめ》二《じ》も河野のワインドアップに魅せられたらしく、彼をモデルにした絵も残している。これらの革新は要するに「ハイカラ」なものであり、人々の好奇心と反発を引き起こすものになった。

早稲田チームはこうした最新の文化を帰国後の試合でも表現したことから大きな注目を集め、帰国後の1905年秋の早慶戦は大変な盛り上がりを見せた。初めて3回戦制で行われ[12]たこのカード、1勝1敗で迎えた第3戦で、吉岡率いる早稲田の応援隊は試合開始とともに

「フレー、フレー、早稲田！」とエールを送った。両チームと観衆は、見たこともない整然とした応援方法にどよめき、やがて場内に大きな拍手が巻き起こった。

このまったく斬新な応援もあってか、延長戦にもつれ込んだ試合で早稲田が勝ち、シリーズ全体での勝利を確定させた。また当時はもちろん大規模イベント会場などもないなかで、人々が集まって楽しめるイベントとして野球試合はかなり珍しいものだったが、口コミで数千人が集まったことが新聞で大々的に報じられ、早慶戦の認知度が大きく高まった。

そして翌年、１９０６年秋の早慶戦の第１戦は早稲田の戸塚球場で行われ、慶應が先勝して、慶應の応援隊はグラウンドからほど近くにある大隈重信邸宅（現在の早稲田大学早稲田キャンパス内にある大隈庭園）の前で万歳三唱していった。続く第２戦は慶應の三田綱町グラウンドで行われ今度は早稲田が雪辱、早稲田の応援隊は故・福澤諭吉邸の前で万歳三唱を返した。

前年から「応援」の出来が勝敗を左右し得ることを感じていた応援隊の学生たちは、どちらが多くの人数をグラウンドに送り込めるかで争い始め、さらに慶應側は不穏な噂をキャッチした。どうも第３戦で、早稲田の応援隊長である吉岡が６頭の馬、さらには新宿・戸山の陸軍兵士たちも引き連れて馬上から応援するらしい[13]。

こうした悪ノリの噂は学校当局もキャッチしており、慶應義塾塾長と早稲田側の安部が協議し、最終的に第3戦は中止となった。観客や学生の興奮が極度に高まり、数千人による大乱闘に発展しかねなかったからだと考えられる。

当時は日露戦争直後であり、戦後のポーツマス条約でロシアから賠償金を得られないことが判明、都市下層階級の若年男子たちが暴動を起こす「都市民衆騒擾《そうじょう》事件」が頻発していた[14]。東京の市民にとって若年男子の暴走は身近な危険だったのだ。こうして早慶戦は以後19年間にわたって中止され、その不在によって逆にブランド価値を高めたのである。

以降の早慶は「国際交流による学生たちの教育」を目的としてアメリカ遠征を行ったり、日本にアメリカ大学チームを招聘してイベント化し、さらには交通費・宿泊費の捻出のため試合の入場料を徴収するようになった。こうした野球の商業化は、根強い「官尊民卑」の風潮のなかで私学の「教育の自由」を活用した、一種のアントレプレナーシップの実現という側面を持っていた。

また、こうした野球の国際試合のニュースバリューにメディアも注目し、積極的に報道するようになった。大学名が盛んにメディア上に載ることで、大学本体の知名度やブランド価値も向上するという相乗効果が生まれた。これらが絡まり合いながら野球のプロフェッショナリズムが育まれていった。

一方で一高野球部は、現実的な問題として官立であるため、早慶のような派手なイベントを行うことができなかった。彼らは「やるべきことをやった上で、それとは別にスポーツを行う」というアマチュアリズムを重視し、スポーツの神聖性を担保しようという点で近代オリンピックと近い精神性を持っていた。

早慶的な考え方にも、一高的な考え方にも、両方にそれなりの理がある。しかしこの後の日本野球は、関わる人間一人ひとりの努力ではとてもコントロールできないカオスとなって、ますます拡大していったのである。

一高校長・新渡戸稲造から始まった「野球害毒論争」

1910年前後は、東アジアが激動を迎えた時代だった。日露戦争後のポーツマス条約で日本は朝鮮半島を事実上の支配下に置き、主に現在の中国東北部にあたる満洲地域のうち、遼東《りょうとう》半島と東清《とうしん》鉄道南満洲支線沿線の権益を手に入れた。翌1906年からは現地での鉄道と附属地の経営のため、日本の国策会社である「南満洲鉄道（満鉄）」を発足させた。

しかし韓国（朝鮮）や満洲では日本の大陸進出への反発が強まり、1909年には満洲のハルビン（現在の中華人民共和国・黒竜江省《こくりゆうこう》）で日本の初代総理大臣・伊藤博文《いとうひろぶみ》が韓国人の安重根《あんじゆうこん》によって暗殺され、翌1910年には韓国併合が行われた。同じ年には社会主義者の幸徳秋水《こうとくしゆうすい》らが明治天皇暗殺を企《くわだ》てたとして処刑される「大逆事件《たいぎやくじけん》」が起き、さらに翌1911年から1912年にかけて中国では辛亥《しんがい》革命が起こり、清朝が倒れ中華民国が建国されるなど、東アジア情勢は風雲急を告げていた。

そんな1911年夏、東京の大新聞である「東京朝日新聞」は「野球と其《その》害毒」という連載を始めた。以前から東京朝日は学生野球の試合や早稲田のアメリカ遠征を好意的に報じる一方、学生野球の弊害を批判する記事も掲載していた。それが批判一辺倒の全22回にわたる一大キャンペーンとなったのである。

連載第1回に登場したのは当時の一高校長である新渡戸稲造だった。新渡戸は『武士道』などの著作で日本文化を世界に紹介し、のちに国際連盟事務次長も務めた当代一流の知識人で、1984年から2007年まで五千円札の顔となった人物である。新渡戸は次のように語った（原文は明治文語文調なので、わかりやすく現代語訳した）。

私も日本の野球史以前には自分で球を縫ったりバットを作ったりして野球をやったこともあった。野球という遊びは悪く言えば巾着切り（＝スリ）の遊び、相手を常にペテンに掛けよう、計略に陥れよう、塁（ベース）を盗もうなどと眼を四方八面に配り神経を鋭くしてやる遊びである。だからアメリカ人には適しているがイギリス人やドイツ人には決してできない。イギリスの国技であるフットボールのように鼻が曲がっても顎骨《あご》が歪《ゆが》んでも球に齧《かじ》り付いているような勇剛な遊びはアメリカ人にはできない。（東京朝日新聞１９１１年［明治44年］８月29日付）

この一節は野球史を扱った本では必ずといっていいほど言及されるもので、多くの論者たちは「野球はスリの遊び」という言い方を批判する。しかし私の考えでは、この分析はそれなりに的を射ている。野球では相手のスキを突いたり裏をかく戦法がしばしば用いられ、それはこのスポーツの醍醐味《だいごみ》でもあるだろう。野球にポーカーのようなカードゲームの要素は確かにある。

この談話から読み取れるのは、新渡戸ないし談話をまとめた記者が「イギリス人やドイツ人の精神性は素晴らしいが、アメリカ人はダメだ」と見なしていたことである。これは、戦前の日本において法律や議会制度、軍隊、学問などの公的分野が主にイギリスやドイツといった西ヨーロッパ諸国を模範にしていた一方、アメリカはそれほど参考にされていなかったことが背景にある。君主制を持たず、18世紀という比較的新しい時期に建国されたアメリカに対するうっすらとした優越感は、現代日本に生きる私たちにとって新鮮ですらある。

もっとも、この談話では「フットボール」という言葉が使われているものの、ヨーロッパですでに分化していたサッカーとラグビーの区別はついていないようであり、おまけにすでにアメリカで人気競技となりつつあったアメリカンフットボールの存在は微塵《みじん》も意識されていない。

さらに新渡戸は、昨今の学生野球の選手たちは「剣道、柔道の選手のように試合をする時に礼を尽くさぬ」と武士道的観点から批判する。また暗に早慶戦や早稲田のアメリカ遠征を例に出して、アメリカでは対校試合において「大学に一流二流を定めて一流大学は一流大学とのみ交際することとし、かつ学校の授業の妨害にならず、費用もたくさんかからぬ範囲に規約を定め大学同盟を組織した」と指摘する（ちなみにこれはのちのＮＣＡＡの母体となったものだ）。そして日本においても「野球試合に何らかの制限を附する必要がある」と主張した。

新渡戸の指摘は、野球の学校内での特別扱いにも及んでいる。官私立大学では野球選手が試験で落第しそうになると、ほかの選手たちが教師のところに来て「彼はふだんはきちんと勉強しているのですが、試合前だったため私らが運動場に引きずり出したせいで試験で合格点を取れなかったんです」と陳情に来て、教師も「そういう事情なら仕方ないか……」と同情して、落第を取り消すケースが頻発している、というのだ。

取材時には、後年「日本民俗学の祖」として知られる法制局参事官の柳田國男《やなぎたくにお》も同席しており、柳田も「野球に熱中している選手らの未来が心配です。高等学校のうちは野球をやっていてもいいとして、帝大進学後もやっているようでは卒業後に困るでしょう」と述べている。

ちなみに新渡戸も柳田も一高とは関係の深い人物である。柳田は一高出身であり、新渡戸は魚住の校風問題提起後に校長として赴任した。新渡戸はそれまでのような運動部優遇をやめ、文芸部や弁論部などの活動を積極的に支援したため、運動部員たちから不興を買っていた。新渡戸はいわば「〈体育会系〉から〈文化系〉へ」というキャンパスカルチャーの変化に、一高当局の立場から正統性を与える存在でもあった。そういった背景のなかで、この「野球害毒論争」が始まったのである。

現代野球の問題に通じる斬新な批判

連載「野球と其害毒」は新渡戸だけでなく、日露戦争の英雄である陸軍大将の乃木《のぎ》希典《まれすけ》、東京高等師範学校（現在の筑波大学）校長の嘉納治五郎など当時の名士たちが次々と登場し、野球批判を繰り広げていった。代表的な批判は次のようなものである。


「学生の大切な時間を無駄にし、勉強を怠けるようになる。野球選手は教室でも寝ており、試合前になると授業に出席しない」

「対校試合では興奮して相手校への敵愾心《てきがいしん》ばかりが高揚し、他校との交流になっていない」

「選手は勝敗に重きを置きすぎて遊びの精神を忘れている」

「選手制度では少数の者がグラウンドを専有するため、他の学生が運動できない」

「応援では旗を振ったり太鼓を叩いたりして熱狂し、野次も相手を誹謗中傷して戦意を喪失させるなどマナーが悪い」

「野球の試合が私立大学の広告に利用されている」

１１０年ほど前のこの批判は、現代にもそのまま当てはまるものばかりだ。むしろ驚くべきは、現代でこのようなことがあっても批判されなくなっていることである。

また、現代の高野連が定めている厳格な高校野球ルールにつながる「揃いのユニフォームを季節ごとに揃えるなど、華美に流れている」という批判も出てきている。現代の高校野球チームのユニフォームは「華美に流れない」ために過剰なまでに厳しい規制がかけられているが、それは１１０年前の批判の影響を引きずったものなのである。

そして重要なのが「試合で入場料徴収が行われ、学生が商売人になっている」という批判があったことである。現代ではアントレプレナーシップ（起業家）教育の重要性が叫ばれ、学生が起業してビジネスを行うことはむしろ推奨される流れにあるが、１１０年前は学生の「分」をわきまえることが重要とされていた。

さて、それ以外にもユニークな批判を２つ挙げておこう。

１つは場所の有効活用に関するもので、「野球の試合では広大なグラウンドを９人で守るので、あまりにも無駄である。同じ広さを剣道で使うなら100人が使えるだろう」という指摘である。

これは現代の感覚からすると思いもしない批判だが、頷ける部分がある。現代日本では「野球が場所をとるのは当たり前」という感覚から、野球の優遇が批判されることはほとんどない。しかし110年前には、「野球、場所とりすぎ問題」を正面から批判する知識人たちがいたのだ。

もう1つ、こんなものもある。

「野球はアンバランスな運動である。掌《てのひら》に球を受けて脳に振動が伝わって頭が悪くなる。利き手ばかりが発達し、腰が歪む」

これは「体育として野球は適切なのか」という極めて興味深い批判である。「掌に球を受けて脳に振動が伝わって頭が悪くなる」はさすがに苦しいかもしれないが、野球は投げる動作も打つ動作も、どちらかの半身に負担がかかりやすい。プロの投手は投球過多で肩や肘を手術することが当たり前になっているが、これも「アンバランスな運動」だからこそである。

「身体を育てる」ための運動として見たとき、野球は左右がアンバランスになるので体育として適切とは思えない――この視点はなかなか斬新である。

東京朝日新聞VS.天狗倶楽部の論戦の帰趨《きすう》

もっとも、この「野球害毒論」キャンペーンは、東京朝日新聞の取材手法にも問題があった。連載第８回では早稲田野球部の元エースで、連載当時は早稲田の講師を務めていた河野安通志が「旧選手の懺悔《ざんげ》」ということで登場し、「野球を始めたことを後悔している」との談話が紙面に載った。ところがこれを見た河野が猛抗議したため、本人が執筆した寄稿文が第13回に掲載されている。

河野いわく、取材では「野球のさまざまな弊害は認めるが、メリットもたくさんある。自分は早稲田に入って野球ができたことを感謝している」という趣旨のことを語ったが、記者によって「野球を始めたことを後悔している」というニュアンスでまとめられてしまったのだという。

現代でも新聞記事は取材をもとに記者の言葉でまとめ、取材対象者に原稿確認の機会を与えないことが多い。どんな内容を強調し、どう読者に見せるかは記者の倫理観にかかっている。この記事の場合、記者の側に野球批判へのこだわりが強すぎ、河野に取材した内容を相当曲解して書いてしまったのだろう。「野球害毒論」には本質的な批判もあったが、基本的な事実誤認などのフェイクニュースも紛れていた。そのため、野球界の側からは激烈な反論が巻き起こったのである。

反「野球害毒論」、アンチ東京朝日の急先鋒に立ったのは、やはり押川春浪と天狗倶楽部、そして早稲田野球部部長の安部磯雄だった。春浪と安部は東京朝日新聞のライバル紙である東京日日新聞（現在の毎日新聞）や読売新聞で朝日の野球害毒論批判を展開した。

2人の朝日に対する反論は『野球と学生』という本にまとめられている。押川春浪の「学生界のために弁ず」は、東京朝日の「野球害毒論」の事実誤認や曲解を逐一指摘しつつ、朝日新聞の意図を以下のように読み解いている。

東京朝日新聞がなぜこのような愚かな行動に出たのかというと、その理由は、彼らが販売部名義で行った広告からもわかるように、自社の新聞を売るためにほかならない。それは決して学生たちに対する誠意や同情からではなく、単に自分たちの勢力を頼みに、世間の学生やその保護者を驚かせ、ある意味では威嚇して、一部でも多く新聞を売ろうとしたからである。（中略）朝日新聞が「野球とその害毒」という題名の記事で、野球の利点をすべて無視し、わずかな弊害を大げさに取り上げて、まるで野球がペストのような危険な存在であるかのように撲滅すべきだと叫んだのは、さまざまな理由があったにせよ、要するに野球が当時最も流行しており、世間の注目を集めていたからである。その注目を悪口や中傷で刺激し、世間の好奇心を引き起こして、自社の新聞の影響力を示そうとした以外の理由はないのである。

（押川春浪「学生界のために弁ず」〈『野球と学生』〉を筆者が現代語訳）

要するに、春浪は東京朝日の野球害毒キャンペーンを「結局は炎上マーケティングである」と批判したのである。さらに彼は、東京朝日の「野球選手は勉強という学生の本分を怠っている」という批判に対し、「野球部ＯＢたちは官吏、軍人、実務家として優秀だと評判になっている」とした上で「現代社会はペーパーテストで優秀な者と同じかそれ以上に、ビジネスマンとして優秀な手腕、人格、体力を備えたスポーツ選手を求めている」と反論した。

これは現代人から見ると言いすぎにも思えるが、この騒動の少し後の１９２０年前後から「社会で活躍している学卒者にスポーツ選手出身が多い」という事実が実業界で注目されるようになり、〈体育会系〉出身者に対する企業からのニーズが非常に高まっていったことから、少なくとも1911年時点での春浪の評価は的を射ていたことになる。

さらに、読売新聞の後援のもと天狗倶楽部による「野球問題演説会」も開催され、押川春浪、中沢臨川、吉岡信敬、河野安通志、さらには安部磯雄も登壇し、会場に入り切らないほどの人を集めた。[15] この演説会では東京朝日新聞に対する不買運動が決議され、一般民衆にまで広がった。新聞にとって不買運動はかなりの打撃であり、結局「野球害毒論」連載は22回で中止され、表面的には天狗倶楽部の勝利で終わったかに見えた。

大阪朝日新聞が甲子園野球を始めた思惑

現代から見ると奇妙なのは、ここまで激烈な野球批判を展開した朝日新聞が、今では高校野球を主催する側に回っていることである。

もともと朝日新聞は1879年に大阪で創刊され、1888年に東京の「めさまし新聞」を買収し「東京朝日新聞」と改題し、これを東京版と位置づけていた。大阪朝日の1915年時点での発行部数は25万部で、東京朝日の1・5倍と、どちらかといえば大阪がメインの新聞だったのである。

東京朝日が野球害毒論キャンペーンを張るなかで、大阪朝日は「東京ではこういう論争がある」ということを紹介するにとどめていた。しかし東京朝日の「野球害毒論」は炎上マーケティングとして失敗だったどころか、「朝日ブランド」の信用力を下げてしまった。この失敗をカバーするために大阪朝日が思いついたのが、「ならば自分たちが良い野球の模範となるような大会を開催すればいい」というアイデアだった。

当時、京都の第三高等学校の野球部員が京都市〜大津市エリアの中学校で野球大会を企画するなど、中学校での野球熱が高まっていた。また、現在の阪急電鉄にあたる「箕面有馬《みのおありま》電気軌道」の社員が、自社沿線で保有する運動場「豊中グラウンド」でのスポーツ大会開催を企図していた。大阪朝日はこれらの機運を活用し、関西で中学野球の全国大会を企画したのである。人気が高まっている野球を批判して部数を稼ぐのではなく、その力を活用し、しかも「現場の野球人たちには任せておけないから我々が学生野球を『善導』する」というスローガンのもと、新聞の販売拡大につなげようと考えたのだ。

当時の関西は好景気で、大阪の中心部から南のエリアでは住宅需要が逼迫《ひっぱく》し、工場の乱立とともに衛生環境も悪化していた。そこで、まだあまり開発されていなかった梅田より北の郊外に鉄道や住宅を建設すべく事業を開始したのが、のちに阪急グループの創始者として知

現在、豊中グラウンドの跡地は完全な住宅街となっており、わずかなスペースが「高校野球発祥の地記念公園」となっている。これまでの100回以上にわたる大会の優勝校のプレートが掲げられているが、なんとすでに200回大会の分までスペースが確保されている。朝日新聞の「野望」が具現化された恐るべき空間である。

られる小林一三《こばやしいちぞう》率いる箕面有馬電気軌道だった。小林は鉄道、近代的住宅、電気、水道などと合わせて、箕面に動物園、温泉地・宝塚に宝塚歌劇団などのエンタメ産業を次々に興《おこ》していった。豊中グラウンドは野球だけでなく陸上やサッカーなど各種大会を開催するための場所だった。大阪朝日の全国大会企画は、小林率いる箕面有馬電気軌道の「鉄道の乗客を増やしたい」「豊中グラウンドを活用してほしい」というニーズとも合致するものだった。

こうして現在の夏の甲子園の前身となる「全国中等学校優勝野球大会（優

勝大会)」は1915年、第1回大会が豊中グラウンドで開催され、始球式は朝日新聞社長の村山龍平《むらやまりようへい》が行った。4年前に野球排撃を行っていた朝日が中学野球の全国大会を主催するというのだから、そこにはアクロバティックな論理が必要とされるが、そこで持ち出されたのは「善導」ともいうべきものだった。

メジャーリーグや日本プロ野球にない、日本の学生野球や草野球独特の儀礼が、試合前と終了後にホームベースで整列と礼をする慣習である。これは第1回優勝大会に際して、朝日新聞社が野球を武士道的なものにすべく、「礼に始まり礼に終わる」武道のやり方をわざわざ導入したのが最初である。

大阪朝日は第1回大会以降、紙面上でも中学野球の「指導」を熱心に行った。それは一高的な「武士道野球」を基調とし、野球害毒論争を意識して(表面的には)商業化や華美化に対して徹底的な「自主規制」を行う、というものだった。

甲子園野球はなぜ不自由なのか

一方、反・朝日の論陣を張った春浪は、自身が主筆を務める雑誌『冒険世界』でも野球擁護論を大特集しようとした。しかし版元の博文館上層部は、当時すでに東京の大新聞の一角を占めていた東京朝日と正面から対決することを恐れたことからこの企画はストップされ、憤慨した春浪はそのまま博文館を退社。新たに自らの雑誌『武侠世界』を創刊し、武侠世界社を起業した。

『武侠世界』は人気雑誌だった『冒険世界』の編集コンセプトをそのまま継承したため、雑誌の売行きは好調だった。天狗倶楽部は羽田運動場にて準早慶戦（この時期は早慶戦が正式に行えなかったため、現役選手にOBをまじえた、早慶戦に準じるカードとして行われた）を開催、収入はすべて白瀬《しらせ》矗《のぶ》の南極探検隊に寄付するなど、「冒険」を奨励するイベントに取り組んだ。また、同じく羽田運動場で日本初のオリンピック予選会も開催し、ここで選ばれた金栗四三、三島弥彦の２人を日本初のオリンピック選手として、翌年のストックホルムオリンピックに送り出した。そして１９１２年７月30日に明治天皇が崩御《ほうぎょ》し、同日から大正時代が始まった。

ところが、春浪本人は折からの酒の飲みすぎに加え、博文館退社と新雑誌創刊のストレス、長男、母、次男を立て続けに亡くしたことからアルコール依存症となり、１９１４年11月に死去してしまう。

これと前後して武侠世界社は東京の中等学校野球部を集め、東京府下大会を羽田運動場で

天狗倶楽部が作った羽田運動場は、現在は羽田空港敷地内の草原となっている。

初開催していたが、春浪の死去を待っていたかのように大阪朝日による優勝大会の企画が本格的に動き出し、１９１５年８月の第１回大会開催を迎えたのだった。

武侠世界社の始めた東京府下大会はどうなったかというと、優勝大会の予選として組み込まれた。現在の『朝日新聞社史 大正・昭和戦前編』では、朝日と武侠世界社の両者が協議の上、東京府下野球大会の優勝チームを優勝大会に送ることに決まった、と記述されている。[16]

今に続く甲子園野球の「不自由さ」の大きな原因は、大会開催の経緯にある。そもそも野球の当事者ではない朝日新聞が、「野球は社会問題である」「当事者にはまかせられないので、我々朝日が善導する」というタテマエのもと始めたが、そこには「大会を主催してニュースをつくり出し、それを新聞の拡販につなげたい」というホンネがあった。

だが、この「当事者にはまかせられないので、我々朝日が善導する」というロジックには一見して明白な欠陥がある。野球を好きな人たち・やりたい人たちで自主的に野球の弊害を克服していくのではなく、メディアパワーを持ち、ジャーナリズムの担い手である新聞社が全国規模の大会を主催するということは、年長者が若者を平手で殴って「教育」するようなパターナリズムに陥るしかない。そこには、春浪や安部が考えていた「プレーヤーの自主性を最大限尊重する」という（より本質的な意味での）教育的配慮は原理的に発生しえない。

たしかに、110年前当時も、学生の本分を忘れ野球に専心し名誉やカネを求める選手たち、それを学校経営に利用しようとする大人たちは少なくなかったのだろう。だが、そうした社会問題を批評するはずのジャーナリズムを担う新聞社がホンネのところでは利益を追求し、自ら大会を主催してしまっては「善導」などできない。現在の甲子園野球にはスタートの時点で、あまり健全とはいえない文化性が埋め込まれていた。

もし仮に春浪が生きていたら、朝日新聞による中学野球の全国大会に対して、その発言力を用いて激烈な批判を加え、何が何でも野球好きや学生・生徒による自主的な開催を求めたはずである。もしそうなっていたら、日本の野球文化は今とはまったく違う姿になっていたのではないだろうか。

1　なお、押川春浪や天狗倶楽部に関してはＳＦ作家の横田順彌による多くの研究があり、以降の私の整理はそれらに多くを負っている。主なものに、横田順彌・會津信吾『快男児・押川春浪』（徳間文庫、１９９１年）、横田順彌『熱血児押川春浪 野球害毒論と新渡戸稲造』（三一書房、１９９１年）、横田順彌『早慶戦の謎 空白の一九年』（ベースボール・マガジン社、１９９１年）、横田順彌『嗚呼!! 明治の日本野球』（平凡社ライブラリー、２００６年）、横田順彌『快絶壮遊〔天狗倶楽部〕：明治バンカラ交遊録』（ハヤカワ文庫ＪＡ、２０１９年）、横田順彌『〔天狗倶楽部〕快傑伝 元気と正義の男たち』（朝日選書、２０１９年）など。

2　当時、明治末期～大正期は男性とスポーツはそれなりに近い存在だったが、女性にとってスポーツそのものが大変遠い存在だった。たとえば日本選手団は１９１２年ストックホルムオリンピックから参加しているが男子のみであり、女子選手が初めて参加したのは16年後の１９２８年のアムステルダムオリンピックだった（人見絹枝が女子８００メートルに出場し銀メダルを獲得）。

3　方義は、維新後にいち早く横浜で英語を学び、そのときにキリスト教に出会って帰依し、やがて日本各地で布教を行うようになった。この時期に横浜で受洗した日本人たちはその後の国内での布教に貢献し、

「横浜バンド」と呼ばれるようになった。同時代にキリスト教の洗礼を受け布教活動を行っていった人々もおり、熊本洋学校で学んだ徳富蘇峰、海老名弾正らは「熊本バンド」、札幌農学校で学んだ内村鑑三や新渡戸稲造らは「札幌バンド」と呼ばれ、これらが日本のプロテスタントの源流「三大バンド」である。

4　１９００年（明治33年）の時点ですでに就学率は81・5％にまで達していたが、同年に改正小学校令が発布されて小学校教育が無償化されたため、５年後の１９０５年（明治38年）には就学率95・6％となり、大正期には就学率ほぼ１００％となった（文部科学省『学制百年史』）。

5　巌谷小波が主筆を務める雑誌『少年世界』（博文館）をはじめとした子ども向けの出版物が盛り上がり始めていた。ちなみに、少年雑誌と少女雑誌が枝分かれするのはもう少し後、女子向けの『少女世界』（同じく博文館）が創刊される１９０６年以降のことである。

6　安部磯雄『青年と理想』岡倉書房、１９３６年、２４９‐２５０ページ（新字体・現代仮名遣いに改めた）

7　日本オリンピック委員会「オリンピック憲章とオリンピック」
https://www.joc.or.jp/olympism/experience/learningcontent/education/20080801.html

8　金子昌世「五輪への女性参加　対照的だったクーベルタンと嘉納治五郎　出場枠初の同数、新たな出発点」産経新聞、２０２４年7月27日
https://www.sankei.com/article/20240727-7OJ26KSDSNOHRNH2ZYOX5NN2VQ/

9　和田浩一「筑波大学と嘉納治五郎　5．クーベルタンと嘉納」筑波大学オープンコースウェア

10　1961年、日本生命野球部に所属していた柳川福三外野手が中日ドラゴンズと契約したことをきっかけに、プロ野球界と社会人野球・学生野球界が関係を断絶した事件。この事件は「プロアマ確執のはじまり」とされることがあるが、本文で詳しく述べているように、この事件はどちらかといえばそれまでのプロアマ対立の総決算のような性格を持っている。

11　アメリカでは1860年代から報酬をもらって野球をプレーする選手が、イギリスでもスコットランド地域で1870年代から報酬をもらってサッカーをプレーする選手が生まれ始めた。もっとも日本ではプロスポーツというと、江戸時代にすでに大相撲がスタートしている。

12　3回戦制は、現在も多くの大学野球リーグで採用されている方式で、1戦で勝敗を決めるのではなく、3試合を行って2戦先勝したチームを勝者とする、というものである。チームAがチームBに2連勝したらチームAの勝利で3試合目は行わず、チームAを勝者とする。もし第1戦でチームA、第2戦でチームBがそれぞれ勝った場合、第3戦で勝ったほうを勝者とする、という方式である。この3回戦制で勝者となったチームに勝ち点1が与えられる、というのが大学野球リーグの方式だ。わずか1試合だけ行うとまぐれ勝ちもあり得るが、3回戦制であれば総合的な実力での勝敗を決めやすい、というわけである。これはアメリカの大学野球で行われていた方式で、早稲田のアメリカ遠征帰国後に安部磯雄が慶應側に提案して始まった。（菅野信二『ニッポン野球の青春 武士道野球から興奮の早慶戦へ』大修館書店、2003年、98-99ページ）

13　大和球士『真説　日本野球史 明治篇』ベースボール・マガジン社、191ページ

14　松沢裕作『生きづらい明治社会　不安と競争の時代』岩波ジュニア新書、2018年

15 「多くの人々の前で自分の主義・主張や意見を述べること」を「演説」と訳したのは福澤諭吉である。明治維新当初の日本では、身分差意識が残っており、立場を超えて自由に意見を言う習慣がなかったが、福澤は慶應義塾内に「三田演説館」をつくり、さまざまな演説会を開いた。演説会は自由民権運動のなかでもその効果が注目され全国に広がり民衆の娯楽のひとつとなっていた。

16 朝日新聞百年史編修委員会『朝日新聞社史 大正・昭和戦前編』朝日新聞社、1991年、51ページ

第6章

「帝国主義」と日本野球

——大正～昭和の論点

大正～昭和にまたがる野球文化の発展

明治末期の野球害毒論争の時点で、現代の野球にも通じる問題点の多くは出揃っていたが、ここからは、大正～昭和にかけてのトピックをダイジェストで整理してみよう。

すでに明治期に盛んになっていた大学野球に続き、1915年の優勝大会の開催で、現在の高校野球に相当する中学野球が盛り上がり始める。1910年代から20年代にかけては、のちに「野球狂時代」といわれるように、大学野球、中学野球が盛り上がり、企業チームも次々に誕生した。大学野球では1925年に東京六大学リーグが始まって日本野球の人気の中心となる一方、社会人野球の日本一を決める「都市対抗」も1927年に始まった。しかし選手がスター扱いされて無軌道な生活に走る、学業を放擲《ほうてき》するなど野球害毒論争で指摘された「弊害」は、改善されるどころかさらに悪化した。

そのような時代のなか、1920年に日本初のプロ野球チーム「日本運動協会」が発足し、野球を主な職業とする選手たちのチームが誕生する。それらのチームは20年代にかけて積極的に活動するが、プロ野球は「商売人野球」と呼ばれて蔑視されるなど逆風が強く、関東大震災や昭和初期の恐慌などの影響で一度は潰れてしまう。

1930年代に入ると、読売新聞が正力松太郎《しょうりきまつたろう》の主導のもとアメリカ大リーグ選抜を2度にわたって招聘して日本のオールスターチームと対戦させ大人気となり、このときの日本チームを母体に現在の読売ジャイアンツの前身「大日本東京野球倶楽部」が誕生、これをきっかけとして現在のNPBにつながるプロ野球リーグが誕生する。だがプロ野球は相変わらず日本社会で差別的な扱いを受けていた。

一方、野球をとりまく日本社会全体の状況は大きく転回していた。1919年に講和が成立した第一次世界大戦(リアルタイムでは「欧州大戦」と呼ばれた)で日本はほとんど戦火を浴びず、アジア太平洋の旧ドイツ領を獲得するなど漁夫の利を得たが、ヨーロッパでは兵士だけでなく多数の民間人が死傷する「総力戦」となった。ヨーロッパ戦線を視察していた日本軍のエリート官僚たちはその様子に衝撃を受け、軍だけでなく民間人の生産力も含めた国全体の力を高める必要性を痛感し、1920年代から徐々に、総力戦に備えた国内改革が始まっていく。

さらに1931年には満洲事変、1937年には日中戦争が勃発するなど日本が戦争に突き進んでいくなかで、かつての野球害毒論争で指弾されたような「野球の弊害」がよりクローズアップされ、その浄化のために文部省から「野球統制令」が出される。この訓令は、名前の圧政的な響きとは裏腹に、当初は安部磯雄、橋戸信、飛田穂洲ら野球界の人々が制定委員となり、自主的に野球の弊害を取り除くことを目的としたものだった。

ところが日本が戦時体制に突き進むなかで軍部が政府内で力を持つようになり、軍部による野球の統制が進んでいき、太平洋戦争開戦後にはプロ野球で、英語の野球用語が「敵性語」であるとして日本語化（ワンストライクを「ヨシ一本」と言い換える、などが有名である）が行われた。さらに戦争の拡大のなかで、甲子園野球、六大学野球、そしてプロ野球がすべて中止されていくのである。

しかし１９４５年8月15日に玉音放送で、日本の敗北が国民に知らされる。すると、野球関係者は再開に向けてすぐに動き出す。進駐してきたアメリカの後押しもあって甲子園野球、六大学野球、プロ野球が次々に復活し、なかでも戦前には蔑視されていたプロ野球が大きな人気を得て、それまで一番人気だった六大学野球をも追い抜き、戦後日本最大の娯楽産業へと発展していった。

……と、ここまでの流れは野球ファンであれば知っている人も多いであろうし、知らない人でもだいたいは想像のつくことであると思われる。本章では、こうした単線的な歴史の流れだけでは見えてこない重要なことを整理していきたいと思う。

近代的衛生観念と小林一三の構想

20世紀前半の日本は「帝国主義」の時代だったと言える。その影響は、現代日本の街のかたちに見てとることができる。そのひとつの例が、甲子園球場の周辺環境である。

私はこれまで何度か、甲子園球場で高校野球を観戦してきたが、あるとき奇妙なことに気づいた。甲子園球場はハレ（非日常）とケ（日常）でいえば、圧倒的にケ＝日常の空間に囲まれている、ということなのだ。

私は関東に住んでいるので神宮球場、横浜スタジアム、東京ドーム、千葉マリンスタジアム、西武ドームにはそこそこ行くわけだが、どこもそれなりに周辺環境に風情がある。

神宮球場は明治神宮外苑の一部であり、周辺は都心部であるはずなのに鬱蒼《うっそう》とした森が広がっており、また秩父宮ラグビー場や国立競技場などもすぐそばにあって「スポーツの聖地」という雰囲気がある。横浜スタジアムは、周辺がかつて外国人居留地だったこともあって西洋的な近代建築が残り、さらには中華街もあって、異国情緒が漂う。東京ドームは隣に

夏の甲子園でにぎわう阪神甲子園球場。ツタに覆われ、昔ながらの雰囲気をそのまま残す球場じたいは「非日常」空間だが、球場の外側には圧倒的な「日常」感ただよう住宅街が広がっている。そのギャップは日本の他球場と比べると驚異的である。

後楽園遊園地があり、ジェットコースターから聞こえてくる悲鳴と、すぐ隣にある小《こ》石川《いしかわ》後楽園という日本庭園が非日常感を演出する。千葉マリンスタジアムは、海浜幕《かいひんまく》張《はり》という近未来的な人工都市で、大規模イベント会場・幕張メッセを抜けた先の海のそばというユニークなロケーションである。西武ドームは多摩《たま》湖《こ》と狭山湖《さやまこ》という2つの湖に囲まれた自然豊かな狭山丘陵《きゅうりょう》に位置し、西武園ゆうえんち、ゴルフ場、人工スキー場まであるので「リゾート」という雰囲気である。

しかし甲子園球場だけは、圧倒的な住宅街と、「ららぽーと甲子園」というショッピングモールのそばにあり、球場の外は完全に「日常」＝ケの空間となっている。メディア上では「甲子園球場＝野球の聖地」というイメージづけがなされているが、実際の球場周辺は生活感、日常感に溢れているのである。

全国中等学校優勝野球大会の第1回、第2回は大阪朝日新聞の支援のもと、箕面有馬電気軌道（後の阪急）が運営する豊中グラウンドで開催された。ところが人気が出て観客を収容しきれなくなり、1917年の第3回大会からは阪急のライバルである阪神電鉄が建設した2面のグラウンドを持つ鳴尾《なるお》球場で開催された。しかしここも条件があまりよくなく、1924年の第10回大会からは、新たに建設された阪神甲子園球場で開催されることになったのである。

そもそもなぜ阪急の小林一三は豊中にグラウンドを作ったのかというと、彼の事業構想と関係がある。それは近代的なライフスタイルを大阪に普及させようとした、ということである。当時の大阪は中心部から南側方向に都市化が進んでおり、工業地帯でもあったため、空気や川の汚染など住環境の悪化が進んでいた。

そこで小林は、淀川《よどがわ》から北側の地域に「衛生的な住環境」を整えようと考えた。鉄道沿線に、密集した住宅ではなく開放的な一戸建ての、電気、水道、ガスなどを揃えた近代的なインフラ設備を備えた住宅街を開発し、さらに動物園や宝塚歌劇団の劇場など近代的なエンターテイメント施設を揃えていった。

ここからは私の推測だが、小林はこうした衛生的な住環境の要素として「健康」「運動」を重視していたのではないか。当時、運動する場所としては空き地こそたくさんあれど、オフィシャルにスポーツの大会を行える場所は少なかった。豊中グラウンドは野球だけでなくサッカーや陸上などの大会を開催することが可能な施設だった。スポーツをエンターテイメントコンテンツとして市民に提供し、かつそれを通じて市民に運動を身近に感じてもらう――そうした意図のもと鉄道沿線を開発するという意味では、天狗倶楽部の作った羽田運動場の発想とも近いものだと考えられる。

ただし羽田運動場は穴守稲荷《あなもりいなり》という当時圧倒的人気の「非日常」スポットに隣接させたが、豊中グラウンドの場合は「日常」と運動する場所を隣接させたところに違いがあった。豊中グラウンドは「健康」や、近代的な住宅、住環境、つまり「衛生（sanitation）」という観点のなかで生まれてきたものではないだろうか。

こうした発想は、ライバルである阪神電鉄によって先に具体化されることになった。今でも甲子園球場のまわりには10面のテニスコートが存在し、さらに海岸側に進んだ浜甲子園運動公園には市民野球場が3面あり、テニスコートは13面、他にも体育館や多目的広場が複数存在している。ここには、鉄道沿線に住む郊外生活者の「衛生」という観点の名残りが見られる。

帝国主義時代の日本国家は特に国民の「身体」に強く関心を寄せるようになり、1928年からはラジオを通じて「ラジオ体操」を放送し始めた。1910〜20年代の「衛生」への関心の高まりと、ラジオ体操に代表されるマスメディアの力を用いて国民の身体を統制しようとする国家政策は、やがて第8章で取り上げる優生政策へとつながっていくのである。

その点は一旦置いておくとして、小林の発想は宝塚という場所で集約され、現実化する。もともと温泉街だった宝塚は、1910年代から近代的な住宅地としてアップグレードされ、遊園地、室内プール、動物園、宝塚歌劇団の劇場などが次々に建設される。さらに阪神電鉄の鳴尾球場よりやや遅れて1922年には、豊中グラウンドを代替するかたちで新たに宝塚に野球場（宝塚球場）、テニス場、陸上競技場を併設したスポーツセンターがつくられ、サッカーとラグビーの全国大会も開催された。

なお、小林一三は1916年、豊中グラウンドで練習をしていた早稲田野球部に対し、

「アメリカでは職業野球が盛んなようだね。日本でも野球の人気がずいぶん高まっているようなので、職業野球を興してみてはと思うのだが、どうだろう。君たちの意見を聞かせてほしい」と提案したが、その場にいた河野安通志は「時期尚早だ」と答えていた。[1] これがのちの、日本で3番目のプロ野球チーム誕生の布石となった。

日本プロ野球の3つのベクトル——「日本運動協会」「天勝野球団」「大毎野球団」

1910年代後半、朝日新聞による優勝大会や、もともと人気のあった東京の大学野球がさらに商業的に拡大していくにつれ、「野球の浄化」というタテマエ、「野球で儲ける」というホンネは早くも分離し始めていた。体育学者の菊幸一《きくこういち》は『「近代プロ・スポーツ」の歴史社会学　日本プロ野球の成立を中心に』（不昧堂出版、1993年）において、この時期に生じ始めた「プロ野球」の文化性を、当時の3つのチームに代表させながら整理している。

まず、早稲田出身の河野安通志は、「いま職業野球団をつくらなければ日本では学生野球だけが盛んになり、日本の野球は『変態的』なものになってしまう」と危機感を募らせ、同じ早稲田野球部出身で天狗倶楽部のメンバーでもある橋戸信、押川清らとともに1920年、日本のプロ野球チーム第1号となる「日本運動協会」を設立した。早稲田人脈以外でも、天狗倶楽部の主要メンバーで日本初のオリンピック出場選手である三島弥彦（当時は横浜正金銀行〈＝現・三菱ＵＦＪ銀行の前身〉に勤務）、一高野球部出身の中野《なかの》武二《たけじ》、慶應出身の桜《さくら》井《い》弥《や》一郎《いちろう》などが発起人に名を連ねた。

　プロ野球チームらしくない名前なのは、この団体がプロ野球チーム運営だけでなく、運動場の設計工事、工事監督や修繕などの業務、さらにはスポーツ用品の販売まで手掛ける合資会社として起業されているからである。同協会は東京・芝浦に球場とクラブハウスをつくり本拠地とし、運動場内のクラブハウス、テニスコート、トラックやフィールドの利用、また芝浦球場での競技の観覧もできる会員制ビジネスを行った。野球チームはいわばパフォーマンスチームとしての位置づけであり、「やがてはアメリカのメジャーリーグに対抗する」という目標を掲げていた。[2]

河野安通志（1984-1946）
（公益財団法人　野球殿堂博物館）

　日本運動協会は当初、選手集めのために新聞

芝浦球場は、現在の東京・港区の埠頭公園の敷地にあった。羽田運動場と同様にスタンド、クラブハウスやテニスコートなどが設けられており、クラブハウスには当時としては先進的な浴室も設けられていた。現在は少年野球場＋公園として使用されており、「日本初のプロ野球チーム発祥の地」の説明板も残されている。

に広告を出し、オーディションを行った。ただ、そこで集まったのは中卒の選手ばかりだった。大卒の選手は、当時としては超高学歴であり、他にいくらでも給料が良く安定した仕事があったからだ。プロ野球選手などというわけのわからない仕事につくよりも、安定企業に就職し、そこで野球を続けることができたのである。

そのため河野は日本運動協会で、中卒選手のために合宿所で英語や簿記を教えた。河野は「お子さんたちを預かっている以上、きちっと自分が教育して、プロ野球選手といえども文武両道の人間に育てる」ということで、最初の一年は対外試合をせず練習と勉強をさせていたのだ。もしプロ野球選手としてうまくいかなかったときも役に立つ勉強をさせており、いわばセカンドキャリア教育を兼ねていた。合宿所で勉強し、グラウンドで練習をするというストイックな運営方法は、一高野球部のような俗世とは切り離された籠城主義の性格もあった。[3]

続く1921年、2番目のプロ野球チームとして、東京で大人気だった女性奇術師の松《しょう》旭斎天勝《きょくさいてんかつ》の主催する「天勝《てんかつ》野球団」が誕生した。松旭斎天勝は、現代の引田天功《ひきたてんこう》(プリンセス・テンコー)の師匠筋に当たる。

天勝野球団は日本運動協会とは対照的に、大卒の有名選手が多かった。天勝一座には資金力があり、大卒選手といえど、相当なお金を積めば入団してくれたようである。日本運動協会のようにはホーム球場を持たず、天勝の「旅一座」の興行に随行して各地のチームと試合を行った。日本運動協会のようなストイックな運営ではなく、体育の奨励などの社会的目標もなく、天勝一座の事業の宣伝と、エンターテイメントとしてのマネタイズが狙いであった。[4]

それに加えてもうひとつ、この2球団に準じる存在として、大阪毎日新聞を母体とした

「大毎《だいまい》野球団」というチームもあった。選手は野球専業のプロではなく大阪毎日の社員であり、トップレベルの技量を持つ大学出身の選手たちを揃えたチームであった。

天勝野球団が広告宣伝による利益追求を目的としていたのに対し、大毎野球団は一応は「純粋な利益目的ではなく、選手は社業もきちんと行う」というアマチュアリズムをタテマエとしており、いわば現代日本の社会人野球の雛形のような性格を持つチームでもあった。この3チームはお互いに対戦したり、強豪大学チームと試合を行っていくことで、のちのプロ野球につながる文化性をつくりだしていった。

「無縁」の原理

当初、こうしたプロ野球チームは民衆から「商売人!」「河原乞食《かわらこじき》!」という罵声を浴びることが多かった。日本でプロ野球が本格的に人気になったのはこれより遥か後、1960年代の高度経済成長期以降であるとされている。なぜプロ野球チームが蔑視されていたのかというと、もちろんアマチュアリズムを遵守していないという側面もあっただろうが、おそらく一番大きかったのは日本に伝統的に存在する芸能民への差別感情である。

日本では中世から近世にかけて、芸能に従事する人々は「河原者《かわらもの》」と呼ばれ、一般社会の原理とは異なる世界の住人であるとみなされていた。歴史学者の網野善彦《あみのよしひこ》は、こうした場のことを指して「無縁」と呼んでいる。こうした場は世界中に見られ、歴史社会学的な概念としては「アジール」とも呼ばれる。

無縁の場としては、世俗の権力から逃れた人々を受け入れる「駆け込み寺」などの境内《けいだい》、特定の支配者の影響を受けない商業空間「楽市《らくいち》」などがあるが、とりわけ存在感があったのが芸能民の世界である。芸能民は、土地所有原理のあいまいな河原近くで生活したり漂泊生活を送っており、芝居小屋での興行も河原で行ったことから「河原者」と呼ばれた。中世においても芸能民たちは天皇とのつながりも深く、それゆえに畏怖の対象ともなっていた。網野によれば、無縁とは（一般の定住民たちの）固定的な枠組みから自由になることで、新たな可能性を生み出す原理でもあった。同じく歴史学者の與那覇潤《よなはじゅん》は、無縁とは近代の価値観における「自由」と近似した意味を持つとする。[6]

当時の若い男子にとって、中学校を出たら旧制高校・帝国大学に行ってエリート官吏や有名企業のサラリーマンになる、あるいは士官学校に行ってエリート軍人になる、これがいわば「立身出世の夢」であった。そのなかで、「スポーツで食べていく」というのは、同じく身体的な強さが求められる軍人と違って、明らかに亜流だった。

既存の世間とは切れた場所で身を興し、自由を得る——日本運動協会がストイック、天勝野球団はエンタメとはいっても、「無縁」の原理のもとで既存の社会秩序とは異なるオルタナティブな空間を構想するという点では、両チームは似た方向性を持っていたといえるかもしれない。

新天地・満洲のコスモポリタン性

こうした「無縁」的な性格を持ち、もうひとつ日本の野球文化に大きな影響を与えた場所として「満洲」がある。

満洲は、現在は中国東北部の遼東半島を含む遼寧《りようねい》省、吉林《きつりん》省、黒竜江省の3省であると説明されることが多いが、歴史的な概念としてはもう少し広い。現在の中ロ国境を越えて北側に広がっており、さらに現在のロシア領ウラジオストクなど日本海側も含むものだった(これらの地域を「外満洲」という)。だが19世紀半ばの清朝とロシア帝国の勢力争いを経て、現代に続く国境線が引かれたのである。

1895年、日清戦争が日本の勝利に終わると、この満洲地域のうち遼東半島の日本への割譲が決まりかけるが、ロシアがドイツ、フランスを誘ってこれに干渉し、日本に代わってロシアが遼東半島南部を租借した（いわゆる三国干渉）。1904～05年の日露戦争で日本が辛勝したのち、ロシアに代わって日本が遼東半島南部を租借し、このエリアは「関東州」と呼ばれるようになる（関東州は、関＝万里の長城の一部である「山海関《さんかいかん》」より東側という意味）。

さらに、1906年には国策会社として、ロシアから譲り受けた東清鉄道南満洲支線を経営するための国策会社「南満洲鉄道（満鉄）」が設立され、満鉄をはじめとした満洲での産業に従事するため、多くの日本人が海を渡った。

ところが満洲に移った日本人労働者たちは、当時は飛行機もなく簡単に郷里に帰ることができなかったためホームシックに陥る者が多く、離職者が続発したのである。そこで満鉄をはじめとする日本企業の経営者たちは労働者がホームシックにかからないよう、親睦《しんぼく》を深めるために内地で人気だった野球を行うようになった。今となってはまったくピンとこないかもしれないが、これが離職防止に大きな効果を挙げたのである。

多くの日本人労働者たちが満洲で野球をプレーするなかで、やがて関東州の中心都市であ

日本統治時代の満洲を代表するモダニズム建築「大連ヤマトホテル」。現在もホテルとして営業している。ヤマトホテルは満鉄の経営するホテルチェーンで、満洲各地に建設され人気を博した。満洲在住日本人の人気を集めた「実満戦」の舞台である大連満洲倶楽部球場は、ここから1キロほど西の「大連労働公園」の敷地内にあった。

る大連《だいれん》で、満鉄職員を中心とする「大連満洲倶楽部」、満鉄以外の企業の社員の集まりである「大連実業団」という2つの社会人野球チームが生まれ、日本内地も含めた東アジアの野球チームのなかで屈指の強豪チームとして育っていく。この2チームの対戦は「実満戦」として満洲在住日本人のあいだで大変な人気カードとなり、この他にも満鉄沿線に次々と社会人野球チームが誕生していった。[7]

これには、満洲地域の文化的位置も関係していた。当時の日本人にとって満洲もやはりひとつのアジールであり、内地とは違う、世間の空気の縛りの薄い「自由」な場だった。満洲は日本人、漢人、満洲人、朝鮮人、モンゴル人、ロシア人など多種多様な人種がいきかうコスモポリタンな空間であり、のちに映画産業をはじめとする内地にはない多様性を持った文化が花開いていった。特に、内地では年を追うごとに風当たりの強くなっていた野球もそのひとつだったのである。大学野球で派手な行動を取って排斥された名選手なども満洲の地に職を求め、多くの人が海を渡っていた。また、満洲一の企業である満鉄も、中学や大学野球の有力選手を積極的に勧誘し入社させた。満洲倶楽部と大連実業団の2チームの対決は、六大学野球の名選手たちを揃えたこともあって、満洲在住の日本人に人気の娯楽となっていったのだ。もっとも、満洲で日本人は特権階級の地位を得ることができ、それゆえに現地の人たちを苛烈《かれつ》に差別する者も少なくなかった。

また、1921年からは満洲の日本人学校チームも優勝大会に参加し始め、満洲予選を勝ち抜いた大連実業（これは大連実業団とは別で、商業学校である）が甲子園初出場でベスト4まで進出、その後もベスト4に二度入り、1926年には準優勝している。優勝大会で満洲勢（実際の満洲地域だけでなく、華北地方の天津《てんしん》商業や山東半島の青島《ちんたお》中学なども満洲予選に出場）は存在感を示していた。

１９２７年に始まった社会人野球の大会である「都市対抗」は、メジャーリーグが地元に根ざしたフランチャイズ制を採用しているのにヒントを得て、日本の各都市を代表するチームを競わせる大会として始まった。都市対抗の第１回の覇者は満洲倶楽部、第２回は大連実業団、第３回は再び満洲倶楽部と満洲勢が占め、内地のチームが初めて優勝したのは第４回だった。大連はまさに「野球の聖地」となっており、満洲はのちの日本プロ野球や社会人野球が発展する上で大きな役割を果たしていた。

東アジア野球の空間的広がり

そもそも満州で離職防止のために野球が導入されたのは、すでに台湾で同様の問題に対し野球が大きな効果を挙げていたからであった。

戦前の東アジア地域では、満洲だけでなく、台湾、朝鮮半島、南樺太《みなみからふと》、太平洋の南洋諸島、さらには中国・山東半島や華北地域でも野球が盛んに行われた。[8]

台湾は１９２３年から優勝大会に参加し、１９３１年には本島人（漢族系住民）、台湾原住民（中国大陸からの移民が盛んになる17世紀以前から台湾に居住していた、主に高地エリアで生活する人々の総称）、日本人の混成チームである嘉義《かぎ》農林が準優勝を果たしている

(台湾では「先住民族」は「すでにいなくなった人たち」の意味なので、高地民族のことは「原住民族」と呼ぶ)。嘉義農林の活躍は2014年に『KANO 1931海の向こうの甲子園』というタイトルで映画化され、台湾で大ヒットした。

文藝春秋社の創業者である菊池寛は、嘉義農林の戦いぶりについて次のようなコメントを残している。

> 私は嘉義農林が神奈川商工と戦った時から嘉義ひいきになった。内地人、本島人(漢民族)、高砂族(引用者注：高地民族のこと)といふ変わった人種が同じ目的のために協力し努力してをるといふ事が何となく涙ぐましい感じを起こさせる。実際に甲子園に来て見るとファンの大部分が嘉義ひいきだ。優勝旗が中京に授与されると同じ位の拍手が嘉義に賞品が授与される時に起こったのでもわかる。ラジオで聞いてゐるとどんなドウモウな連中かとおもふと決してさうではない。皆好個の青年である。(東京朝日新聞、1931年8月22日付)

こうした民族を超えたチームづくりは、名門・松山商業で選手や監督を務めた近藤兵太郎《こんどうひょうたろう》という人物によるものだった。

『KANO 1931海の向こうの甲子園』（出演）永瀬正敏、曹佑寧ほか（監督）馬志翔（プロデュース・脚本）魏徳聖

19世紀末からは朝鮮でも野球が盛んになっていた。初期は学校が中心となっていた日本とは異なり、朝鮮野球はイギリスで生まれアメリカで広がったキリスト教青年会（ＹＭＣＡ）が拠点となって広まっていった。１９１０年の日韓併合以降は朝鮮の人々による独立運動とも強く結びつき、さらなる発展を見せていったのである。

日本統治時代の朝鮮では、特に１９１９年の三・一独立運動が有名である。日本の朝鮮統治はそれまで武力を用いた高圧的な方法が用いられていたが、三・一独立運動以降は「内鮮融和」が掲げられ、その一環として１９２１年から朝鮮代表も優勝大会に代表を出すようになった。当初は日本人学校チームが代表になっていたが、１９２３年にはオール朝鮮人チームの徽文《きぶん》高等普通学校が初出場でベスト８入りしている。その後は朝鮮人、日本人の混成チームも多く優勝大会に出場するようになった。河野のチームである日本運動協会でも、徽文の卒業生など朝鮮出身の選手たちが主力として活躍した。
また朝鮮では社会人野球も盛んで、戦前の都市対抗で最後に優勝を飾ったのは京城（現ソウル）のオールスターチーム である「全京城」であった。

こうした歴史は、日本野球史のなかで積極的に取り上げられることはこれまで少なかった。戦前の「大日本帝国」の東アジア地域への侵略と不可分な出来事であったため、半ばタブーと化していたからである。しかし２０１０年代以降、戦前東アジアにおける野球やスポーツの歴史研究は大きく進展し、日本の植民地支配の「加害／被害」という二項対立の中間にある多様な要素に目が向けられるようになってきている。本書の記述でも参考にしたが、主なものに川西玲子《かわにしれいこ》『戦前外地の高校野球　台湾・朝鮮・満洲に花開いた球児たちの夢』（彩流社、２０１４年）、小野容照《おのやすてる》『帝国日本と朝鮮野球　憧憬とナショナリズムの隘路』（中公叢書、２０１７年）、坂本邦夫《さかもとくにお》『紀元２６００年の満州リーグ　帝国日本とプロ野球』（岩波書店、２０２０年）などがある。

そもそも日本プロ野球では韓国、台湾、中国にゆかりのある選手が数多く活躍してきた。嘉義農林出身の呉昌征《ごしょうせい》は戦前に巨人に入団し、戦後も40〜50年代に活躍して通算１７００

試合の出場も果たしており、その後も福建《ふっけん》省出身の父を持つ王貞治が通算本塁打、在日韓国人2世である金田正一《かねだまさいち》が投手通算勝利数、同じく在日韓国人の張本勲《はりもといさお》が通算安打数で歴代最多記録を残した。今も、日本プロ野球では日本以外の東アジア諸国にゆかりのある選手が数多い。

戦前の「外地野球」は、人々に内地と外地の融和を印象づけるなど、日本の植民地支配をソフト面で支えたという部分がある。しかし戦前の東アジア野球の空間的広がりが、現在のこの地域の野球文化の土台をつくってきたことも伝統として意識される必要がある。

日本運動協会から「プロ野球」へ

１９２０年代はソフト面においてもハード面においても、現代のプロ野球やアマチュア野球の方向性がおおむね整備された時代だった。１９２４年には阪神甲子園球場が竣工、１９２５年秋には東京六大学野球連盟が正式に発足、１９２６年には東京六大学の専用球場として明治神宮野球場が竣工、さらに１９２７年からは都市対抗野球が始まった。

一方、日本運動協会と天勝野球団という、どちらも東京を（天勝野球団はホーム球場を持たないが）拠点とする2つのプロ野球チームは、１９２３年9月1日に起きた関東大震災の影響を大きく受けた。日本運動協会はホーム球場として芝浦球場を持っていたが、内務省により「震災復興のための資材置き場にする」という名目で接収され、返還される見込みもなかった。もともとホーム球場のない旅一座的なチームだった天勝野球団もまた震災の影響で活動がままならなくなり、やがて消滅してしまう。

ここで河野安通志、押川清の日本運動協会に救いの手を差し伸べたのが阪急の小林一三だった。優勝大会の開催球場を阪神電鉄に奪われたかたちになっていた阪急は、1922年にテニス場や陸上競技場も併設して宝塚に「宝塚球場」をつくっていたが、1924年の甲子園球場の開場によって優勝大会開催の見込みもなくなっていた。

そこで小林一三は、日本運動協会の河野を「宝塚に移ってきて活動を継続すればいい」と誘い、「野球の技術だけでなく、野球を通して人格、学識、フェアプレーの精神を選手たちに身につけてもらい、日本の野球を正常なかたちで発展させたい」という河野の方針をそのまま受け入れ、[9]日本運動協会は宝塚に移転して「宝塚運動協会」となった。宝塚球場は、内野はコンクリート席と芝生席、外野にはスタンドはなかったが、最大2万9000人の観客が収容でき、クラブハウスに選手合宿所も完備していた。

関東大震災で大打撃を受けた東京と違い関西は無傷であり、「グレート大阪」としてます

宝塚球場の跡地は現在、関西学院初等部のグラウンドとなっており、周囲は高層マンションが立ち並ぶ住宅街になっている。

ます繁栄していた。大毎野球団や他の社会人クラブチームもあったため、対戦相手も多くいたのである。

しかし元号が大正から昭和に変わった1926年以降、「昭和金融恐慌」が経済界を襲い、大毎野球団は解散となり、やがて宝塚運動協会も1929年に解散した。だが大正末期の好景気に沸く関西でモダンなライフスタイルが普及するなかで、この地では野球自体が民衆レベルでも根づいていった。

一度は灯の消えた日本プロ野球だったが、今度は読売新聞社社主の正力松太郎がメジャーリーグのオールスターチームを日本に招く企画を立て、1931年に第1回の日米野球が神宮球場を中心に日本各地で開催された。読売新聞は読者投票により日本のオールスターチームを編成し4試合を戦ったが、メジャーリーグ選抜は他の日本チームも含めて17戦全勝を挙げた。

翌年には黒人リーグであるニグロリーグの選抜チームが来日（二度目）、日本側のチームは1勝を挙げたのみで、残りの23試合もやはり全敗した。1934年、正力は第2回日米野球を企画、今度は大スターであるベーブ・ルースの招致にも成功し、日本側は全員プロのオールスターチームを編成、沢村栄治《さわむらえいじ》などが好投したがここでも16戦全敗に終わった。

折からこの時期、学生野球チームや学生野球選手に対する金銭の授受が問題視されたこと、六大学野球の人気が沸騰していたこともあって、日本政府は野球の統制に乗り出した。統制委員には安部磯雄、飛田穂洲ら野球界の有力者、さらに官僚や教育関係者などが任命され、自主的な統制ルールを取り決めた。このなかでプロ選手と学生の試合が禁止されたことから、第2回日米野球ではメジャー選抜と対戦するためにプロチーム「大日本東京野球倶楽部」が結成された。なお、このとき正力は「神宮球場という神聖な地で外国人相手に興行試合を行った」ということで右翼の不興を買って襲撃され、瀕死《ひんし》の重傷を負っている。

第2回日米野球の日本チームがのちの読売巨人軍の母体となり、さらに他にも阪神電鉄の大阪野球倶楽部（のち大阪タイガース、現在の阪神タイガース）、阪急電鉄の大阪阪急野球協会（のちの阪急ブレーブス、現在のオリックス・バファローズ）などが結成され、これが今に続く日本プロ野球の基礎となった。河野安通志、押川清はともに名古屋軍（現在の中日ドラゴンズ）の結成に参加、のちにホームスタジアムの必要性を主唱し、小林一三、正力松太郎らの出資を受けて後楽園球場を設立、そこをホームとする後楽園イーグルスを結成した。「天狗」の遺伝子はようやく、ホームスタジアムを持つプロ野球チームへと結実したかに見えた。

『大正野球娘。』と大正の女子野球

2009年に放映された『大正野球娘。』というアニメがある。ネットの野球ファンたちから「大正義野球娘」と呼ばれているほどの人気作だ。時代は大正、高等女学校に通う女子生徒の小笠原晶子が、許嫁《いいなずけ》に「女性に学歴など不要」「主婦として家庭に入るべき」と言われたこと（当時の男性のあいだでは一般的な観念だった）に反発し、親友の鈴川小梅を誘って女学校で野球を始め、アメリカ人教師のサポートもあってチームを結成、やがて男子の野球チームに挑んでいく、という内容である。

現実はどうかというと、明治末期からは各地に高等女学校が整備されはじめ、大正期に入ると大正デモクラシーの自由な気風のもと、職業婦人も登場したことから女子の進学熱が高まっていった。

現代日本の野球界と大きく違うのは、「日本野球の父」こと安部磯雄のような野球界の実力者が、「女子の体育を奨励すべし」と熱く説いていたことである。安部は戦前日本における男女同権論の男性側オピニオンリーダーであったこともあり、「女子もまた遠慮なく運動を試みるがよいのである。馬に乗るもよし、自転車に乗るもよい。野球でもボートでもかまわぬ。自分はいかなる遊戯をも女子に勧めたいのである」と述べている[10]。

神楽坂淳『大正野球娘。』（小学館文庫）

女子野球は明治末期から女学生・女子生徒のあいだでプレーされるようになった。当時の女子一般にとって本格的な野球は、硬いボールを重いバットで打つことから身体的負担が大きいとされ、当初は投手がテニス用のゴムボールをホームベース手前の地面に描かれたボックスめがけてワンバウンドさせ、打者がホームベース付近でテニスラケットで打つというものだった。[11]

また、日本独特の規格である「軟式球」の登場も重要である。京都では明治末から大正にかけて小学生のあいだでテニスボールやスポンジボールを使った野球が広がっており、そのなかで京都市第一高等小学校の教諭や文具商らがゴムマリ野球の研究会を立ち上げ、１９１７年にゴムマリ野球のルールブックを刊行、ボールの規格も定めてゴム会社が製造を担当、１９１９年にこのボールを用いた野球大会が始まった。このボールが軟式球と呼ばれるようになる。

この軟式球を用いた野球（軟式野球）は男子だけでなく女子のあいだでも広がり、１９１０年代後半から20年前後にかけて愛媛県の今治高等女学校などで軟式野球がプレーされるようになった。

一方、この時期には女子の軟式野球とはやや異なる「インドアベースボール」というスポーツも日本でプレーされるようになった。インドアベースボールは１８８７年にアメリカで考案されたスポーツで、大きめのボール、細めのバット、下手投げにすることで、ボールの飛距離を抑え、室内でもプレーできるようにしたものだった。手軽で危険が少ないことからアメリカの女性のあいだで広がり、名前とは裏腹に室外でプレーされることも多くなって、現在のソフトボールになったのである。

インドアベースボールは当時アメリカの植民地だったフィリピンに1910年代に伝わって、現地のYMCAを中心に女性たちのあいだで流行し、その余波は中国・上海、そこから北上して北京、満洲エリアの奉天（現在の遼寧省瀋陽市）、ハルビン（黒龍江省）、さらにはすでに日本が権益を持っていた大連にまで伝わった。インドアベースボール普及のハブになったのは東アジア各地のYMCAであり、やがて神戸や長崎、東京のYMCAを経由して日本内地へも伝えられ、各地の高等女学校でもプレーされるようになった。また、インドアベースボールよりもややボールが軽く小さく、塁間も長いため野球により近い「キッツンボール」という競技もアメリカで考案され、日本の高等女学校で実践されるようになった[12]。

福岡県の直方《のおがた》高等女学校（現在の福岡県立直方高校）では教諭が1922年に女子生徒にキャッチボールを教え始め、隣接する小学校チームと対戦してみたところ大敗。校長・教頭が女子生徒の運動能力の低さに呆れ果てた結果、なぜか野球部新設が決まった。「技量が低いので野球は女子に不向きである」と判断するならまだしも、直方高女の校長・教頭は「野球部をつくって鍛えねば」と発想したらしい。

部員を募集したところ入部希望者が73人も集まり、そこから選手を選抜して、夏休みに3週間、午前8時から午後3時までの厳しい練習が行われた。そうして練習で実力を養成した直方高女は小学生の野球大会に出場し、なんと優勝してしまう。[13]『大正野球娘。』でも最初は小学生チームを相手に戦っていたが、「実力が足りていないので年下の大会に出る」という発想はなかなか斬新である。

こうして大正後期には日本各地の高等女学校で女子野球が急速に盛り上がったが、良妻賢母教育が一般的だった当時の社会からは大きな非難の声に晒される。たとえば女子が果断にスライディングで塁に滑り込む姿が「お転婆である」と言われたり、打者がガニ股でバットを持って打席に立ったり、捕手が開脚して座り込み投手のボールを受ける姿が「女らしくない」「女性が男性化してしまう」などと批判され、排撃されたのである。小学生大会で優勝という快挙を成し遂げた直方高女野球チームも、最終的に福岡県知事の命令により解散させられてしまった。社会からの有形無形のプレッシャーにより、盛り上がりつつあった女子野球は1925年頃を境に急速に萎んでしまう。1911年の野球害毒論争のような事態が、女子野球においては1920年代前半に起こっていたのだ。[14]

30年代以降は特に女子向けのスポーツとして、野球やインドアベースボールではなくテニス、バレーボール、バスケットボールが奨励された。野球系のスポーツとしてはインドアベースボールだけが「女子に適したスポーツ」として生き残りを許容され、対校試合は行わず、校内競技として細々と続いていったようである。

ただし、大正期の女子野球をめぐる状況には注目すべき点もある。たとえば直方高女野球チーム解散事件に際し、野球界のオピニオンリーダーであった飛田穂洲は「暴虐に虐げられた直方高女野球チーム」という記事を雑誌『運動界』（1923年3月号）に寄稿、激烈な批判を加えている。また、やはり野球界のオピニオンリーダーの一人であった横井春野（女性ではなく男性である）も、女子野球擁護の論陣を強力に張り続けた。第2章で述べたように現代の「野球好きのおじさん」たちは高校野球の女人禁制を貫こうと頑張っているが、対照的に100年前の「野球好きのおじさん」たちは女子野球のために立ち上がっていたのだ。

大正末期の1925年は、悪名高い治安維持法が制定された年として知られる。労働争議が頻発し、東アジア国際情勢も悪化の一途を辿るなかで、大正の自由な空気は沈んでいき、来たるべき総力戦に備えて性別役割分業の再固定化も始まりつつあった。せっかく盛り上がった女子野球も、窮屈になりつつある世相のなかで、しだいに活気を失ってしまう。当時の女子野球事情は現代よりもダイバーシティがあったともいえるが、その反面として抑圧も強烈なものとなっていた。

野球統制令と戦時の野球

男子の学生野球に関しては、大正期にはアンコントローラブルなものへと拡大していた。1926年から昭和時代に入り、1928年の第1回普通選挙では社会大衆党を結党した安部磯雄が当選した。その後、張作霖《ちょうさくりん》爆殺事件、昭和恐慌、ロンドン海軍軍縮会議、浜口雄幸《はまぐちおさち》首相の狙撃事件、柳条湖《りゅうじょうこ》事件、満洲事変などが続いた。この間に読売新聞主催で日米野球戦が行われたのである。1932年に満洲国が建国を宣言し、血盟団事件や五・一五事件などの国内政治事件が続発した。1933年には日本が国際連盟から脱退し、六大学野球が盛り上がる一方で、早慶戦で大乱闘事件（水原リンゴ事件）も発生した。

この時期、東京六大学連盟は莫大な収入を得ていたが、会計処理の不透明さが問題視されるようになった。また中等野球では、利益を目的とした企業主催の野球大会が乱立して選手が疲弊したり、さらには毎日新聞社主催の選抜大会では優勝チームにアメリカ旅行がプレゼントされるなど、10代の生徒にはあまりに過大な褒賞が用意されるようになってしまった。

こうしたアマチュア野球の弊害が拡大しすぎたため、野球関係者たちは自主的な綱紀粛《こうきしゅく》

東京ドームの外にひっそりと立つ「鎮魂の碑」。沢村栄治、景浦将といった戦前プロ野球のスター選手をはじめ、特攻兵として戦死した唯一のプロ野球選手、石丸進一など、プロ球団に所属経験のある戦没野球人の名前が記されている。

正《せい》のため「野球統制令」の策定に参加し、１９３２年には文部省から野球統制令が発令された。
「野球統制令」という名前から、この訓令は軍部による野球弾圧だと思われがちである。ところが実際には教育行政を管轄する文部省から出されたもので、営利を目的とした企業主催のアマチュア野球大会が増えすぎていた状況を改善するための試合数の上限規制や、選手の怠学を防ぐため留年選手の試合出場禁止などの規定が盛り込まれた。当時の日本ではすでに消滅してしまっていたプロ野球チームとアマチュア野球チームとの対戦を禁止する規定もあったが、この規定はむしろプロ野球の再スタートを促すものともなった。基本的には、野球界全体で自浄作用を働かせることを後押しする性格を持っていたのである。[16]

しかし野球統制令はこの後、戦争に突き進んでいく軍部の社会統制と噛み合ってしまった。１９３７年の日中戦争、１９４１年の太平洋戦争の勃発のなかで野球は軍部から敵性スポーツとしてみなされ、戦争中には弾圧の対象となった。もっとも全面的に禁止されたわけではなく、大学のリーグ戦が「武士道的でない」という理由でそれまでの３回戦制から１試合制度に改められたり、プロ野球は野球用語が敵性語とみなされて軍部に批判されることを恐れて、自主的に日本語化を行ったりした。軍部の統制もたしかにあったが、野球界の側が当時の「空気」を読んで積極的に協力していった部分もあった。

プロ野球に関しては、戦争中も１９４３年までは学生の身分を持っていると徴兵が猶予されたことから、選手たちを大学の夜間部に通わせて徴兵逃れを図ったりと工作を行い、興行を続けようとした。[17] しかしそれでも野球選手は続々と徴兵されてプロ野球はさすがに継続できなくなり、戦地に送られた沢村栄治をはじめ多数の選手が戦死していった。

またアマチュア野球界のオピニオンリーダーであった飛田穂洲も時局には逆らえなかった

のか、これまでの武士道野球のイデオロギーをさらに過激化させ、「野球は強い兵士の養成に役立つ」という軍国調の主張を行うことによって、野球などやっている場合ではない時代に野球をやることを何とかして正当化しようとした。しかしこうした主張は戦後にまで影響し、学生野球の文化をより硬直化させる結果を招くこととなってしまった。

1945年8月15日、昭和天皇の玉音放送により日本の降伏が国民に伝えられた。それを聞いた野球関係者はただちに野球再開を企図し、占領国アメリカの後押しもあって戦前の野球大会・野球リーグはすぐさま復活を遂げていった。

なお河野安通志は戦時中の1943年、「今は野球などしている場合ではない」と、他のチームに先駆けて後楽園イーグルス（大和軍と改称していた）を解散していた。戦後の河野はイーグルスの後継として東京カップスというチームを結成しようとするが、戦時中の早すぎた自主解散が響いたのか、連盟から再加入を認められなかった。河野に私怨《しえん》を持っていた巨人軍の代表が圧力をかけたのが原因とされているが、その間に河野は死去した。[18]

ノンフィクション作家の佐野眞一《さのしんいち》は、正力が自身を「プロ野球の祖」として演出しようとしていた、と批判的に述べている。[19] 実際には巨人以前に、日本運動協会、天勝野球団、大毎野球団など、現在のプロ野球に近いチームは存在したが、規模は大きくならなかった。本来「プロ野球の祖」の名にふさわしかったはずの河野は、戦争という巨大な渦のなかでその地位を手放してしまい、プロ野球における「天狗」の遺伝子は途絶えてしまった。

戦後、「プロ野球の盟主」の地位には名実ともに読売新聞社主の正力松太郎が就き、正力は自らの政治力をフル活用し、アメリカと緊密に連携して野球を日本の国民的娯楽にまで押し上げた。正力の敷いたレールは、やがて現代日本のプロ野球で「球界のドン」と恐れられた渡邉恒雄《わたなべつねお》へとつながっていく。

正力も渡邉も野球のみならずメディアや政治に強い影響力を持つ実力者だったが、学生時代に野球に親しんでいたわけではないため、「運動」としての野球が持つ魅力を本質的なレベルで理解していたかどうかは疑わしい。渡邉は２０２４年12月に逝去したが、日本プロ野球が敗戦を契機に大きな力を手にしたことが個々人の思想や身体に何をもたらしたのかは、今後改めて議論されるべきである。

1　「職業野球計画　「時期尚早」の意見に夢を封印　虎番疾風録番外編20」産経新聞、２０２０年7月3日

https://www.sankei.com/article/20200703-LTOECIVVJVOGJC4YTCLHVCL2EY/

2　「プロ球団第1号　日本運動協会「模範となれ」　虎番疾風録番外編22」産経新聞、２０２０年7月7日
https://www.sankei.com/article/20200707-EUSWUZNDFFP3NJPNPCJOPSRBHI/

3　佐藤光房『もうひとつのプロ野球 山本栄一郎の数奇な生涯』朝日新聞社、１９８６年、東田一朔『プロ野球誕生前夜 球史の空白をうめる』東海大学出版会、１９８９年など。

4　大平昌秀『異端の球譜「プロ野球元年」の天勝野球団』サワズ出版、１９９２年

5　菊幸一、古園井昌喜「大正期の野球におけるプロフェッショナル・イデオロギーの萌芽に関する研究」

6　與那覇潤「変えてゆくための言葉 二〇世紀体験としての網野善彦」（網野善彦『歴史を考えるためのヒント』新潮文庫、２０１２年）

7　澤野雅彦『企業スポーツの栄光と挫折』青弓社ライブラリー、２００５年

8　「〃世界の野球〃パラオ共和国 よみがえれ南洋の「ヤキュウ」魂「ヤキュウの歴史」」野球日本代表 侍ジャパンオフィシャルサイト（https://www.japan-baseball.jp/jp/news/press/20161226_2.html）、会田理人「全道樺太実業野球大会」『北海道博物館研究紀要3』２０１８年（https://www.hm.pref.hokkaido.lg.jp/wp-content/uploads/2018/04/bulletin_HM_vol3_03_p067_077s.pdf）

9　「逸翁、プロ第1号チーム救う　虎番疾風録番外編23」産経新聞、２０２０年7月8日
https://www.sankei.com/article/20200708-2TMFNMAEZVOOLHQ7OSS46FQYIE/

10　飯沼素子「女子野球むかしむかし」がんばれ!-女子野球
https://girlsbb.com/index.php?%E5%A5%B3%E5%AD%90%E9%87%8E%E7%90%83%E3%82%80%E3%81%8B%E3%

81%8B%E3%81%97%E3%82%80%E3%81%8B%E3%81%97
11 八木久仁子『明治大正の女子野球　女子教育のひろがりと女学校野球　女子野球の歴史学1』kindle私家版、2020年
12 高嶋航「女子野球の歴史を再考する 極東・YMCA・ジェンダー」『京都大學文學部研究紀要58』2019年
13 高嶋前掲論文
14 竹内通夫『女學生たちのプレーボール：戦前期わが国女子野球小史』あるむ、2021年
15 赤澤祐美・來田享子「横井春野の人物像と女子野球普及活動」『東海学園大学教育研究紀要 第6号』2021年
16 中村哲也『学生野球憲章とはなにか 自治から見る日本野球史』青弓社ライブラリー、2010年
17 山際康之『兵隊になった沢村栄治 戦時下職業野球連盟の偽装工作』ちくま新書、2016年
18 小川勝『幻の東京カップス』毎日新聞出版、1996年
19 佐野眞一『巨怪伝 正力松太郎と影武者たちの一世紀（上・下）』文春文庫、2000年

第7章

戦後日本野球とさまよえる男性性

——武士道とスポーツジャーナリズムから

少年の憧れは軍人から野球選手へ

戦後の日本野球はアメリカの後押しのもと圧倒的に拡大していったため、その流れをシンプルに見通すことは非常に難しい。そこで本章ではできるだけコンパクトに、その見取り図を示すことを試みたい。

ジェンダー史研究者の内田《うちだ》（山口）雅克《まさかつ》は、戦前＝つまり「大日本帝国」時代の少年らしさは「ウィークネス・フォビア」というものに特徴づけられるとする。ウィークネス・フォビアとは弱さに対しての嫌悪と、「弱」と判定されてはならないとする強迫観念のことである。これに特徴づけられた日本的男性性は、内田によれば戦後も「野球」を通じて延命されたという。

飛田穂洲は戦後の言論活動のなかで、「戦時期の軍人の消失によって生じた戦後の『男らしさ』の空白を、戦場の軍人と同一視された球場の野球選手によって埋めた」[1]。飛田らアマチュア野球関係者、そして鈴木《すずき》惣太郎《そうたろう》、鈴木龍二《りゅうじ》ら戦前からのプロ野球関係者が占領国アメリカと結託することによって、「敗戦によって失われた日本人の男らしさ」を体現する装置として野球が大々的に復活を遂げていくことになった。

戦前期は『少年倶楽部』などの少年向け雑誌で軍服の将兵が表紙に描かれ、日本軍に対する憧れを少年たちは大きく抱いていた。ところが戦後、少年向け雑誌の表紙では「軍人」がきれいに「野球選手」に置き換わっていく。戦後、日本には一応、軍隊というものがなくなった。戦前にはミリタリーな男性性に対する憧れをストレートに表現できていたが戦後に大きく屈折し、軍隊に直接的には憧れられなくなったことによって、それが野球のほうへと流れ込んでいったのである。

戦後日本野球の「復興」は、戦前からのプロ・アマ野球関係者たちによって、1945年8月15日の玉音放送直後から急ピッチで進められた。彼らは進駐してきたGHQのもとに日参し「日本の民主化には野球が役立つ」と熱弁、その結果、早くも終戦2ヶ月後の10月28日には東京六大学OB戦が、11月23日にはプロ野球東西対抗戦が開催された。翌1946年には4月にプロ野球公式戦、5月に東京六大学、8月には優勝大会と都市対抗野球が、次々と復活していった。戦前から戦時中に抑圧を感じていた野球界の「男たち」は、日本の敗戦とアメリカの占領をこれ幸いとばかりに、意気揚々と野球の「復興」に身を投じていったわけである。

GHQとしても、アメリカの「国技」である野球の復活を訴える野球人たちの熱意をむげにするわけにもいかず、むしろ野球の「復興」に大いに協力する姿勢を見せ、接収していた神宮球場や甲子園球場の使用を認めた。

だがGHQも、戦前での野球人気の過熱問題は把握していた。特に甲子園野球に関しては、まだ10代の学生に全国大会などという旅費・滞在費のかかる贅沢な催しを経験させることの非教育性を問題視しており（そもそも過去から現在に至るまで、こうした考え方をベースにアメリカでは高校野球の全国大会が開催されていない）、戦前から春・夏の2回開催されていた甲子園野球を夏だけの年1回に改めよ、と指令した。

しかし野球人たちは強硬に春の選抜大会の復活を主張し、1947年の1回限りを条件にGHQに開催を認められ、続く1948年の春の選抜は「近畿地方中心の大会」という名目のもと開催された（実際には近畿以外の学校も出場した）。しかし日本国内での占領解除ムードの高まりとともにそれも有名無実化していき、1951年のサンフランシスコ講和条約締結を契機に、当初のGHQの「甲子園野球は年1回開催」という指令は雲散霧消《うんさんむしょう》し、現在に至っている。

実は終戦直後は、阿久悠《あくゆう》『瀬戸内少年野球団』や井上《いのうえ》ひさし『下駄の上の卵』などで描かれているように、子どもたちや女性教師を中心に——新しい価値観となった民主主義の内実が必ずしも理解されていないにせよ——自由な雰囲気のなかで野球が楽しまれるという新たな文化性が生まれていた。社会学者の作田啓一《さくたけいいち》は、終戦直後の甲子園野球では、枠にはまらない自由奔放な戦い方をするチームが多数現れたことを描いている。しかし作田によれば、60年代頃からその文化性がしだいに窮屈になっていったのだという。[2]

梶原一騎《かじわらいっき》の人気漫画『巨人の星』の連載が始まったのは1966年である。もともと戦前のプロ野球で活躍していた星一徹《ほしいってつ》が戦時中に出征してケガを負い（＝傷痍《しょうい》軍人となり）、終戦後に帰国してからプロ野球に復帰するも、以前のような活躍ができず引退してしまう。一徹は戦争で失った自身の夢を、息子の飛雄馬《ひゅうま》に託し、スパルタ教育によって巨人軍のエースピッチャーにまで育て上げていく。戦争で挫《くじ》かれた日本人の「男性性」が次世代に託され、戦前よりも「男らしさ」をバージョンアップさせて復活していくのである。

1964年には東京オリンピックが開催され、日本の復興を世界にアピールするとともに、スポーツの世界で「根性」という言葉が定着するようになった。「根性」はもともと心持ち（現代風にいえば「マインド」）という意味だったのだが、64年の東京オリンピックを境に、「物事をあくまでやりとおす、たくましい精神、気力」という意味が加わった。

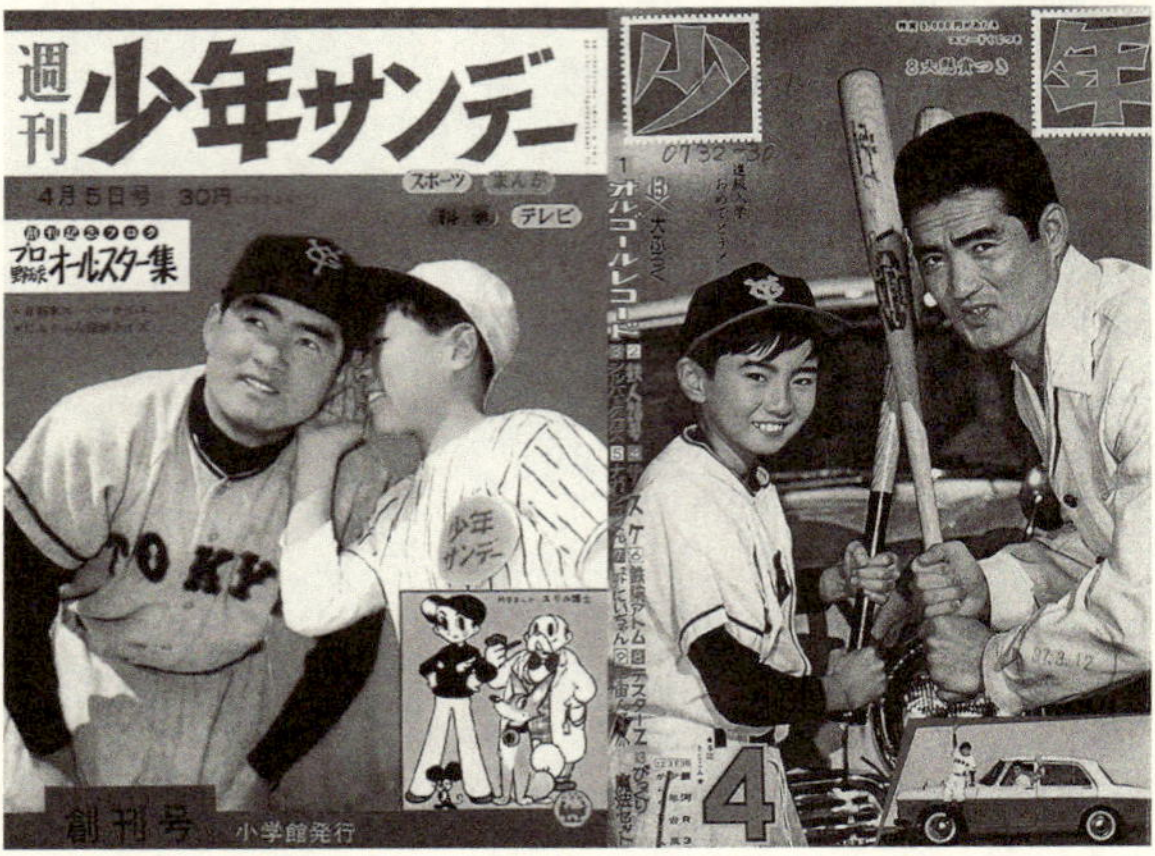

（上）戦前の代表的少年誌『少年倶楽部』（大日本雄辯會講談社）の戦中期の表紙（左＝ 1940 年 11 月号、右＝ 1943 年 5 月号)。「軍人のお兄さんに憧れる少年」というイメージが強調されている。
（下）戦後少年漫画誌の草分けである『週刊少年サンデー』（小学館）創刊号である 1959 年 4 月 5 日号（左)、『鉄人 28 号』や『鉄腕アトム』などが連載され人気を博した月刊漫画誌『少年』（光文社）1962 年 4 月号（右）の表紙。戦中の軍人の位置に、戦後はプロ野球選手（長嶋茂雄）が代入されている。

60年代から70年代にかけて日本は高度成長期を迎え、企業戦士たちが長時間労働によって〝第二の太平洋戦争〟を戦い、経済的繁栄をつくり上げていった。企業社会が大規模に形成されるなか、学校体育の目標も戦前の「丈夫な兵士を育成する」ことから「丈夫な工場労働者を養成する」ことへと置き換わった。

このような社会の風潮が、戦後日本の野球界の気風を醸成していってしまう。明治末期～昭和戦前期にかけて議論された選手制度、対校試合、健康・衛生への意識、勝利至上主義の弊害、社会の性差別への挑戦といった議論が雲散霧消してしまった。

『星野君の二塁打』と軍隊文化の転移

『星野君の二塁打』という、道徳や国語の教材としてよく使われてきた掌編小説がある。あらすじは以下のようなものだ。

ある少年野球チームに、星野君という選手が所属していた。あるとき試合終盤を同点ランナー一塁で迎え、打席に立った星野君に監督からバントのサインが出る。そのとき星野君は「いや、これは俺は打てる」と確信し、サインを無視してヒッティングをして実際に二塁打を放ち、チームを逆転勝利&甲子園出場に導いてしまう。ところが試合後、監督から「チームの決まりを守らないのはダメだ、甲子園には出場させない」と叱責され、星野君は涙を流して許しを請《こ》う、という内容である。

この話は「決まりを守ろう」ということを子どもたちに伝えるよう意図された訓話である。2018年、日大アメフト部の危険タックル問題が持ち上がった際に、この作品は再び注目を集め、アメフト部監督からの指示があったかどうかが社会的関心を呼び、指示に背いた選手が処分されるこの作品が「軍国主義的だ」と批判されたのである。[3] いかにも古色蒼然《こしょくそうぜん》とした筋書きのこの作品だが、吉田甲子太郎《よしだきねたろう》による原作は雑誌『少年』に掲載された短編小説で、発表は1947年——戦前ではなく、戦後なのである。

「高校野球は日本軍的である」とよく言われる。だが、この「日本軍的な高校野球文化」を体現していそうな『星野君の二塁打』が戦前ではなく戦後に書かれているのだ。

戦前日本が日米開戦に突き進んだ直接的な原因は、もともと遼東半島と満鉄沿線を守備していた「関東軍」が満洲事変を起こし、やがて日中戦争を始めて国際的に孤立してしまったことにある。出先機関である関東軍は、中央（政府、陸軍首脳部、天皇）の統制を聞かず、あえてこの言葉を使えば、非常に「自主的」に、中国大陸侵略に突き進んでいった。戦前の日本軍＝上意下達の組織なのかというと、「戦前の日本軍」として最も象徴的な関東軍という組織に関しては、「下剋上」「独断専行」といわれるように、非常に「自主的」だったのである。

戦前の日本が戦争に突き進んだ背景には、現場が自主性を持ちすぎたということがあった。そう考えると、戦後に『星野君の二塁打』が書かれたことの意味性がかなり変わってくるはずである。野球＝上意下達という文化ができあがったのは、戦前ではなく「戦後」なのではないか。

第2章でも取り上げたが、中村哲也は『体罰と日本野球』のなかで、数多くの野球選手や指導者の手記を参照し、各時代の野球文化のあり方を調査している。中村によれば、戦前の日本野球は比較的フラットで選手同士でも比較的、意見の言いやすい環境だった。

そう考えると、『星野君の二塁打』という作品は戦前と戦後をつなぐ蝶番《ちょうつがい》のようなものだったかもしれないと思えてくる。敗戦後、アメリカなど連合国が日本に進駐してきて、マッカーサー率いるGHQのもと、「軍部の暴走が戦争の原因だ」とする歴史観が宣伝された。戦前軍部を代表する関東軍という「現場」が「自主性」を持ちすぎたことへの反省と、日本の人々が自ら二度と同じようなことを起こすべきではないという抑圧の心理が、『星野君の二塁打』という野球をめぐる訓話で表現されている、とも読める。

戦前はむしろ後輩が先輩や監督をやり込めるという構造もあり、戦後にもそうした雰囲気が野球界に残っていた。たとえば、長年『サンデーモーニング』で張本勲との息の合ったコンビで、野球をはじめとするスポーツニュースに「喝」を入れてきた大沢親分こと大沢啓二《おおさわけいじ》は、立教大学の野球部員だった1950年代、同大野球部監督の暴力指導に反乱を起こし、監督を更迭《こうてつ》させている。現代の固定された野球文化からは考えられないような「自主性」の発揮が行われていた。

なぜ戦後、野球がいわゆる「上意下達」の〈体育会系〉のイメージとして固まっていったのだろうか。1941年に始まる太平洋戦争で、若い男子が総動員されていくなかで、軍隊内の兵卒文化が過激化してしまったことが考えられる。

歴史学者の吉田裕《よしだゆたか》が『日本の軍隊』（岩波新書、2002年）『日本軍兵士』（中公新書、2017年）などで書いているとおり、戦況の悪化のなかで、（将校ではなく）兵卒のあいだで士気が低下し、軍紀が乱れ、厳しい上下関係が刷り込まれていった。そんな軍隊生活を経験した野球選手たちが戦後復員して各地の学校やプロ野球チームの指導者になっていくなかで、近代的軍隊にあるまじき軍隊文化が野球に持ち込まれていったと考えられる。

戦後、屈折したかたちで押し込められていた日本の軍人的男性性は、アメリカの庇護《ひご》のある野球というものに流れ込んでいった。ＧＨＱによって、『忠臣蔵《ちゅうしんぐら》』などの仇討《あだ》ちものの上映も禁止され、そうした思想統制の成果なのか、終戦後にアメリカに対する仇討ち、反乱、暴動などは組織的なものとしては起こらなかった。

その代わりにアメリカは、当時ブルックリン・ドジャースで活躍していた黒人選手ジャッキー・ロビンソンのエピソードを日本国内で宣伝し、占領統治に活用しようとした。メジャーリーグでは１８９０年以降、有色人種の排除が徹底されていたが、ロビンソンは第二次世界大戦後の１９４７年に約半世紀ぶりの黒人選手としてデビューし、49年には首位打者と盗塁王を獲得、ＭＶＰにも輝いた。

ロビンソンが観客や相手選手からの差別的な罵声や、相手投手からの挑発的かつ危険なビーンボール（危険球）など、苛烈な差別を乗り越えて艱難辛苦《かんなんしんく》の末に大願成就（メジャーリーグでの活躍）を成し遂げていったことは、１９４９年〜50年にかけて少年向け漫画雑誌に

『42～世界を変えた男』チャドウィック・ボーズマン（出演）、ハリソン・フォード（出演）、ブライアン・ヘルゲランド（監督、脚本）2013年公開

も掲載されるなど、日本でも広く知られるようになったのである。

ジャッキー・ロビンソンの話は近年でも『42』などで映画化されており、彼のエピソード自体はたしかに感動的なものである。だがアメリカの占領下にあった日本ではロビンソンの物語が、「日本の皆さんも、ロビンソンのように一生懸命努力して、どんな辛苦にも打ち勝つだけの強い意思を持ち続ければ、われわれが強力にサポートしてあげることで明るい未来が切り開けますよ」というメッセージとして活用された。[4]

そういったなかで野球は唯一、アメリカに対して合法的に仇討ち可能な手段だった。1949年にはさっそく日米野球が再開され、日本のプロ野球チーム選抜がアメリカマイナーリーグのパシフィックコーストリーグ選抜と対戦している。1951年にはスター選手のジョー・ディマジオが来日、2本塁打を放ったが、日本チームも以降は健闘する。戦後、限定された文化空間のなかで、軍人的男性性の発揮や、アメリカへの「仇討ち」を合法的に行える数少ない場所として、野球が存在してきたのである。

一応はアメリカの「国技」である野球は、戦前の日本においては微妙な位置に置かれていた。メインカルチャーの武道に対して、野球はサブカルチャーだった。知識人層ではなく民衆には人気があった。日本において公的には憧れられないが、民衆感情としての憧れはあるという緊張関係のなかにあるものだった。

それが戦後には逆転してくる。日本の伝統文化でありメインカルチャーであった武道は禁止され、アメリカのスポーツである野球はむしろＧＨＱに奨励された。日本人の抑圧された軍人的男性性への憧れが、アメリカのバックアップのある野球に流れ込んでいく。さらにそこに、戦時中の特殊な状況のなかで結果的に培われた軍隊文化が転移して温存される余地が生まれた。

武士道から抜け落ちた「主君押込」

ここで消えてしまったのは「武士道」という問題である。戦前の日本軍の、特に将校たちは「自分たちは武士の末裔《まつえい》である」というアイデンティティを強く保持していた。

一方、一高野球部時代に野球には武士道が移入されたが、それはいわば世間の目をかわすためのエクスキューズ（言い訳）であった。武士道は、日本軍にはベタに受け継がれ、日本野球にはネタとして移入されたのである。したがって戦前における日本軍的な武士道と、日本野球的な武士道は、似ているようで大きな断絶があった。ところが敗戦により、武士道↓日本軍↓野球という矢印が成立してしまい、戦後80年近くなった現代ではむしろ武士道が風化し、日本軍＝野球という等式で結ばれてしまった。

武士道といえば、イメージ的には〈体育会系〉的なものと近く感じられるし、なにやら男性的なもので時代遅れにも思えてくる。

だが、関東軍の下克上や独断専行の淵源《えんげん》もまた武士道にある。武士道にはもともと「主君《しゅくん》押込《おしこめ》」という慣習があった。現代にイメージされる武士道と違い、もともとのリアルな武士道は必ずしも主君と家臣が垂直的上下関係で結ばれていたわけではない。

たとえば家臣は、主君が間違ったことをしていたら命を賭けて諫《いさ》めなければいけない。もしその諫言《かんげん》を受け入れられなければ家臣たちは主君を幽閉（押込）し、反省するまで出すことはない。それが主君押込であり、武士たちのひとつの大きな行動原理だった。[5]

つまり家臣の武士たちは主君の命じたことを上意下達で実行するロボットではなく、自主性を持っていた。主君押込は、民主的な仕組みとすらいえるし、そこが行動原理としての武士道の重要な点だった。

ところが戦後、武士道のなかから主君押込だけが綺麗さっぱり取り除かれてしまった一方で、日本軍の兵卒文化としての武士道、上意下達の組織原理だけが残ってしまった。戦後、大規模に成立し現在も賛否両論となっている〈体育会系〉という文化に、「アメリカ」という変数は大きな役割を果たしている。

戦後日本の野球をとりまく環境は、劇的に変化した。武士道のもっとも重要な点のひとつであった「主君押込」という行動原理＝自主性が抜き取られ、上意下達の硬直的な文化性が根付いてしまったのである。

そしてアメリカという虎の威を借る狐＝野球人たちは、敗戦をこれ幸いとばかりに野球「復興」に注力し、戦前社会から浴びた野球の「弊害」批判を、単純な「軍部の抑圧」へと置き換えた。当然ながら野球統制令も廃止され、文武両道を図る意図だった「留年選手の試合出場禁止」というわずかな歯止め規定すらなくなってしまったのである（現在も高校野球の参加規定に成績基準は存在しない)。

こうなると学生野球や社会人野球などもアマチュアリズムを遵守する必要がなくなり、プロフェッショナリズムへと傾斜していくことが可能になる。社会からの野球の「弊害」批判は、すべて「戦時中の軍部の抑圧だった」として読み替えられ、アマチュア野球は好き勝手ができるようになる。

すでに述べたように、プロ野球は「無縁」の原理をもとにした自由空間であるが、それは既存社会から差別的な扱いを受けているからこそ可能なものであり、その「自由」にはどうしても厳しさが伴った。ところが戦後日本では、プロ野球的な「無縁」の空間が、既存社会と接点を持つ「学校」「企業」へと接続されてしまい、「無縁」的な場ではないのに、「無縁の自由」を謳歌できるようになった。それは野球人たちにとっては夢のような世界の到来を意味したが、逆にこうして現代の「野球部はクソ野郎」への道が整備されていってしまったのである。

消えた日米の女子プロ野球

ここでやはり考える必要があるのは、男性性の問題である。実は戦中から戦後にかけて、アメリカと日本で似た状況にあったのが女子野球である。

アメリカでは戦中、多くの成年男子が兵隊に取られてメジャーリーグの選手が不足するなかで、女子のソフトボール経験者などをプロ野球選手にして「全米女子プロ野球リーグ（All American Girl's Professional Baseball League ＝ＡＡＧＰＢＬ）」が興行を始め、これが人気を博したが、見世物性が強かった。

日本でも戦後すぐに女子プロ野球が始まった。１９４５年末の選挙法改正で男女普通選挙になり、46年11月３日に公布、翌47年５月に施行された日本国憲法でも男女平等が盛り込まれた。戦前から続いていた婦人参政権獲得運動が実を結んだわけだが、この女性解放運動のうねりのなかで日本でも女子プロ野球が誕生し、50年から51年にわたって２年間開催された。だが、その後は企業チームに転換、71年まで続いたものの、最終的に解散となった。

戦中から戦後にかけてアメリカや日本で女子野球が盛んになったのは、召集などで成年男子が国内に少なくなったことが契機だった。だが戦後に萎んでしまったのは、復員してきた男性たちの男性性が、アメリカと日本では直接的あるいは屈折した形でという違いがありつつも、大々的に復活してきたからである。

アメリカにおいても日本においても、女子野球はエンターテイメント、見世物性が消費されていた部分が大きい。戦前にあった女子がスポーツをすることのきっかけづくりとして野球を位置づけようという考え方は失われた。そして今でも、健康や保健などの観点のなかで野球をみなができるようなものにしようという発想が、野球に関しては非常に薄いままである。

スポーツジャーナリズム「不在」のなかに生まれたNumber文学

スポーツジャーナリズム、つまり「スポーツを批評的に捉えよう」という試みは戦前、押川春浪や弓館小鰐など天狗倶楽部系の人脈から生まれ、戦後は坂口安吾《さかぐちあんご》など文学者も野球批評を行っていた。

戦後、「スポーツ新聞」という新しいタイプのメディアが生まれ、野球文化に対して大きな影響を及ぼすようになった。野球などのスポーツや芸能にまつわるニュースを針小棒大《しんしょうぼうだい》に伝えるその姿勢はユーモラスではあり、現代のネットの野球ファンの「ナンセンス」を愛好する楽しみ方に通じるところがある。だが、スポーツ新聞の姿勢は徹底的に「娯楽的」「消費的」である。「スポーツ」を冠していながら、スポーツを奨励しようという観点はほとんどないといってよい。スポーツ新聞は基本的に「飲む・打つ・買う」という旧来的な男性的娯楽の世界であり、スポーツの本質に迫ろうというような批評性はかなり薄い。

一方で、スポーツジャーナリズムらしきものがようやく成立しつつあるように見えたのが、１９８０年の『Sports Graphic Number（以下、Ｎｕｍｂｅｒ）』（文藝春秋）というスポーツ雑誌の創刊だった。『Ｎｕｍｂｅｒ』を当初牽引したのが、「江夏の21球」などで知られるスポーツジャーナリストの山際淳司《やまぎわじゅんじ》である。「江夏の21球」は『Ｎｕｍｂｅｒ』の創刊号に掲載され非常に話題になり、現在は『スローカーブを、もう一球』（角川書店、１９８１年）という文庫本で読むことができる。

「江夏の21球」は、１９７９年の日本シリーズ、広島東洋カープ対近鉄バファローズの第7戦の9回裏を描いたノンフィクション作品である。1点リードの9回に広島のクローザーとして登板した江夏豊《えなつゆたか》は、自らノーアウト満塁、打たれたら逆転サヨナラ負けの大ピンチを招く。次打者をなんとか空振り三振に切って取り、１アウト満塁となった次の打者は2球目でスクイズに出る。ところが投球時に瞬時にスクイズを察知した江夏は、カーブの握りのままにウェスト（わざと外れたコースへ投げる）して打者は空振り、飛び出していた三塁走者は挟まれてタッチアウト。２アウトとなった後、打者を打ち取ってゲームセットとなり、広島が日本一を決めた——。

「江夏の21球」では、たった21球の攻防を通じて、江夏をとりまくさまざまな人々の人間ドラマ、たとえば衣笠祥雄《きぬがささちお》など他の選手や監督のバックストーリーが語られ、短い１イニングのなかで次々に人物が入れ替わる。ひとつの出来事を、多視点的なカメラで描いていくというスタイルで、これはその後のスポーツノンフィクションのひとつの雛形になる。

スポーツを扱った漫画や映画では、短いスポーツシーンのなかに、回想を用いた群像劇性をまじえて、試合のシーンを濃密に描いていく手法がしばしば採られている。その元祖は、山際淳司のスポーツノンフィクションである。

山際は、アメリカの「ニュージャーナリズム」に強い影響を受けていた。ニュージャーナリズムとは、１９７０年代以降のトム・ウルフをはじめとしたノンフィクションの書き手たちによる一連の作品のことである。60年代のアメリカではベトナム戦争、アポロ計画での月面着陸、ケネディ大統領やロバート・ケネディの暗殺など「大きな物語」が数多く起こった一方で、民衆の風俗やモラル、ライフスタイルなどの「小さな物語」が大きく変化した時代だった。アメリカの小説家たちは「小さな物語」を書くのを諦め、その空白を埋めたのがノンフィクションの書き手たちによる「ニュージャーナリズム」というムーブメントだった。

ニュージャーナリズムの特徴をトム・ウルフはいくつか挙げているが、ジャーナリストの武田《たけだ》徹《とおる》はそれらを次のようにまとめている。[6]

①場面から場面へ移動しながら描写を積み重ねてゆくこと。

②会話をそのまま記録すること。

③三人称の視点。ジャーナリストは自伝の作家や小説家と同じく、第一人称の視点——私はそこにいた——をしばしばとってきた。しかしこれはジャーナリストにとって窮屈なことである。ジャーナリストはただ一人の登場人物の内部にしか読者を案内できないからだ。そこで人物の考えや気持ちを探り出し、三人称で書いた。

④日常の習慣、家具の特徴、衣類などに対する態度、表情、目つき、ポーズなど、場面に入ってくる象徴的な事実を記録すること。

ここで特に重要なのは「三人称で書く」ということである。たとえば本書の文章であれば「私」という書き手が「私はこう考える」という文体で評論文を書いている（＝一人称で書いている）。一方、ニュージャーナリズムは書き手ではなく、対象を主語にして書く。たとえば「江夏の21球」であれば、書き手の山際淳司が「江夏はこう考えた」というふうに書くのである。もちろん山際の作品は対象への綿密な取材に基づいたものだと考えられるが、そこには「嘘」が入り込む余地が生まれてしまう。

こうしたニュージャーナリズムの文体を用いることで、いわゆる「ハードボイルド」といわれる「大人の男らしさ」を演出することが可能になる。アメリカでは1920年代以降、都市社会化が進むなかで男性の都市生活者（多くは単身である）たちが独特の「孤独」と「不安」を感じるようになった。夜、汚れた都会の街を孤独に渡り歩く「探偵」はそのひとつの典型であり、ハードボイルド小説は探偵（または探偵に類する、重大な政治的事件ではなくミクロな都会の事件や謎を追う人物）を主人公にしている場合が多い。

山際淳司の諸作品は、ハードボイルドやニュージャーナリズムという、アメリカ文学の系譜の上に成り立っている。そこには「大人の男でなくてはいけない」という強迫観念がある。

その後の『Ｎｕｍｂｅｒ』誌や後続のスポーツジャーナリズムは長らく、明確に山際淳司の強い影響下にあった。そこでは、読者が三人称の観察者（書き手）に一体化し、「自分の物語」としてアスリートの体験や考え方を消費できるようになった。

鈴木忠平『嫌われた監督』と山際淳司『ルーキー』

「Ｎｕｍｂｅｒ文学」ともいうべきそういった「スポーツジャーナリズム」で近年最も商業的に成功したのが、元Ｎｕｍｂｅｒ編集部員でノンフィクションライターの鈴木忠平《すずきただひら》が書いた『嫌われた監督』（文藝春秋、２０２１年）である。この作品は２０００年代、中日ドラゴンズで黄金時代をつくり上げた落合博満《おちあいひろみつ》の監督時代を描いている。全５００ページ近くにも及ぶ大作だが、20万部以上を売り上げる、近年稀にみる大ヒット作になった。

『嫌われた監督』は、落合の周囲の人物、すなわち選手やコーチの視点で、落合監督の8年間を描いていく。鈴木は落合を、ひたすら寡黙《かもく》な、何を考えているかわからない、謎めいた、すごみのある人物として浮かび上がらせていく。その読書体験はハードボイルドそのものである。

一方で、等身大の落合を描いた作品として、息子の落合福嗣《おちあいふくし》が書いた『フクシ伝説　うちのとーちゃんは三冠王だぞ！』（集英社、２０１０年）が挙げられる。90年代に「ドラ息子」

としてテレビを騒がせた福嗣は、同書のなかで落合の人柄をユーモラスに語る。「落合博満」という存在は、信子《のぶこ》夫人、福嗣の三本の矢の結晶であり、決して実際の博満一人では成り立たない。精神面でのケア、税金対策、自己プロデュースなども含め、三人が集まった文殊《もんじゅ》の知恵で、落合博満という不世出の偉大な選手・監督ができていた――というのである。

ところが鈴木忠平の『嫌われた監督』には、信子夫人は存在こそ登場するが、「信子」という世間によく知られた固有名詞は一切出されず、「夫人は」というふうに書かれている。『嫌われた監督』には「大人の男」しかいない。プロ野球には、まるで大人の男しかいないかのような世界観が提示されている。

鈴木の続く作品は『アンビシャス　北海道にボールパークを創った男たち』（文藝春秋、2023年）である。これは北海道日本ハムファイターズの新本拠地であるエスコンフィールドHOKKAIDOの創設秘話を探ったものだが、やはりここでも「大人の男」しか登場せず、それ以外の女性や子どもなどはできるかぎり排除されている。ここではスポーツの多様な側面が捨象《しゃしょう》され、すべてが「大人の男らしさ」に集約されてしまっている、ということは少なくともいえるだろう。

『嫌われた監督』という作品の原点になっているのは、おそらく山際淳司の１９８６年の作品『ルーキー』である。これは落合博満と並んで80～90年代プロ野球のビッグネームである清原和博《きよはらかずひろ》の、プロ１年目のルーキー時代の活躍を描いた作品だ。

この作品の特徴は、清原の周辺人物にフォーカスを当て、周辺人物に清原のすごさを語らせて、清原本人の独白的な部分をできるかぎりなくすことによって、清原和博という存在を神格化することを、演出的かつ技巧的に行っている点にある。

実はこれは「不在の中心」といわれる、文学の一形式である。山際淳司が「江夏の21球」や『ルーキー』で採用した物語構造は、演劇史に名を残す戯曲「ゴドーを待ちながら」の影響を感じさせる。同作は、ゴドーという人物がいつまでたっても来ないが、周辺人物たちにゴドーのことを語らせることによって、逆にゴドーの存在感を浮かび上がらせている。

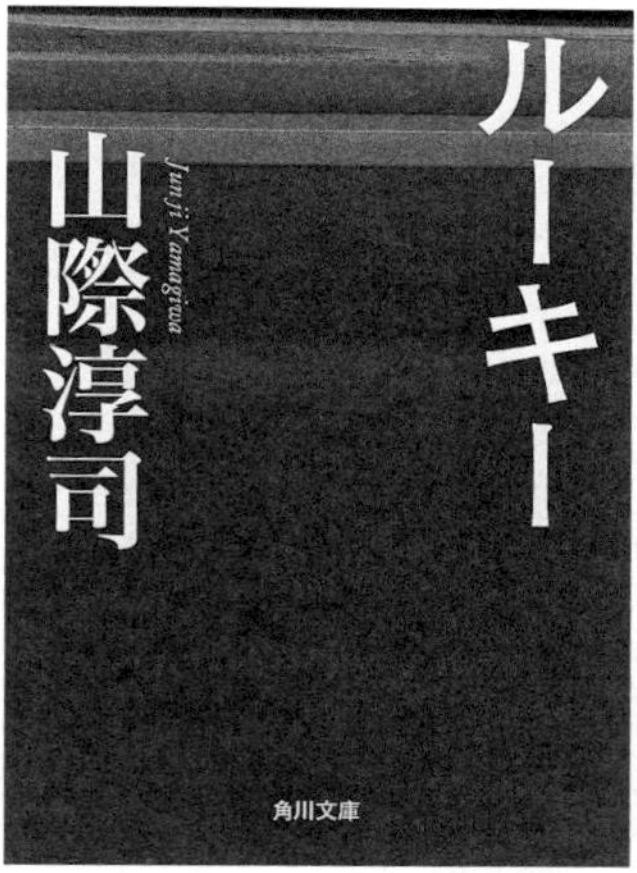

山際淳司『ルーキー』（角川文庫）

こうした構造は、鈴木忠平の『嫌われた監督』の前作に当たる『清原和博への告白　甲子園13本塁打の真実』（文藝春秋、２０１６年）という作品で明確に採用されている。同作はかつて高校時代、「怪物」と呼ばれた清原がＰＬ学園時代に甲子園で放った13本の本塁打を打たれた相手ピッチャーたち、同時代を生きた選手たちから清原の傑物ぶりを聞き取り、神格化していくのである。

同作は、清原が覚醒剤取締法違反で逮捕された後に書かれている。同世代の「男たち」が清原に失望し、「だが、俺たちの清原はそんなに弱いやつじゃない」という思い入れをもとに、清原にホームランを打たれた投手たちに話を聞きにいき、「やっぱり清原はすごかったんだ」と自分たちの思いを再確認する、という筋立てである。

鈴木はこの作品の出版後に清原本人から連絡をもらい、覚醒剤事件のことを本人に取材して『清原和博 告白』（文藝春秋、２０１８年）という作品を発表する（著者名は清原本人になっているが、取材・構成は鈴木が行っている）。

ところがこの作品で語られる清原の内面は、「俺たちの清原」というものではまったくない。常人にはとても手の届かない栄光を手にしながら、そのスーパースターの重荷に耐えきれなくなり、孤独感をつのらせ、覚醒剤に手を染めてしまう「普通と変わらない」「弱い」人間の姿しか見えてこない。そこには「男らしさ」は求めるべくもない。

「Ｎｕｍｂｅｒ文学」的な作品の問題は、とにかく対象を神格化し、そのすごさに読者がただひれ伏すというかたちで構成されている点にある。実際の清原は覚醒剤での逮捕後、本人のＳＮＳやＹｏｕＴｕｂｅなどでも語られているとおり、薬物の禁断症状に苦しめられながら一歩一歩回復への途上にある。そのなかで、離婚した元妻に引き取られた長男や次男が学生野球で奮闘しており、その姿を応援する一人の父親になった。

さらに清原には、同学年の盟友・佐々木主浩《ささきかづひろ》や、ＰＬ学園野球部の後輩である立浪和義《たつなみかずよし》や片岡篤史《かたおかあつし》など、清原と関わるにはむしろデメリットしかないであろう仲間がいて、損得勘定を抜きに彼を支えている。そして清原本人は、子どもたちへの指導のためにも自分でバットを握り、トレーニングを再開し、禁断症状に苦しめられていることも含め、試行錯誤している姿を、虚飾を排して自身のＳＮＳやＹｏｕＴｕｂｅで伝えている。

「男の中の男」として「神格化」されたものではなく、決定的な失敗を犯しながらも、孤独に歩むのをやめ、友人や家族に支えられながら歩んでいくリアルな清原和博の姿は、本の中ではなくむしろＳＮＳの中にいる。

「Ｎｕｍｂｅｒ文学」は、対象を過剰に神格化しドラマティックに見せようという作為が非常に強い。アスリートの「カッコ悪い」等身大の姿はすべてオミット（省略）され、「大人の男」として商品的にコーティングされている。ここには「スポーツジャーナリズム」があるようで、むしろまったく真逆の作用が働いている。

亀梨和也と野球ＹｏｕＴｕｂｅｒが変えたシーン

ジャニーズ（現STARTO ENTERTAINMENT）のＫＡＴ－ＴＵＮに所属していた亀梨《かめなし》和也《かずや》は、キャスターを務める日本テレビ系列のスポーツニュース番組『Going!Sports&News』のなかで、２０１０年8月から「ホームランプロジェクト」「豪速球プロジェクト」という企画を始めた。

そもそもジャニーズと野球の関係は深いものがある。ジャニーズは、終戦後に進駐軍が代々木に宿舎として持っていたワシントンハイツで、日系2世であるジャニー喜多川《きたがわ》が近所の少年たちに野球を教えるようになったことから始まっている。その後、少年たちと喜多川が『ウエスト・サイド物語』のミュージカルを観たことをきっかけに、歌って踊るエンターテイメントを志したことが、のちのジャニーズ事務所設立へつながっていった。そのためジャニーズは「ジャニーズ野球大会」を東京ドームで開催するなどして、長らく野球とのつながりを保ってきた。

亀梨も以前からジャニーズ野球大会で投手として登板していたが、そもそも小学生時には野球をやっていて世界大会にも出場経験があり、中学ではシニアリーグでプレーしていた。ジャニーズの活動に専念するため野球は途中でやめてしまったが、スポーツニュース番組のキャスターになったことをきっかけに、亀梨自身が「ホームランを打つ」ことを目標に掲げ、数々の現役プロ野球選手のもとに取材に訪れ、バッティングの上達を手伝ってもらうという企画を行った。この企画はピッチングにも発展し、やがて亀梨はバッティングやピッチングのやり方についてさまざまなプロ野球選手に取材していく。

このシリーズには数々の一流選手が登場したが、亀梨に教える選手たちの表情が、他のテレビ番組では見せない生き生きとしたものであったことが私には印象的だった。彼らは亀梨のチャレンジを応援しつつ、自分たちの技術にはこういうロジックがあって、こういうふうに成り立っているということを解説していたのだ。

既存のメディアは選手たちに「人間ドラマ」ばかりを求めてきた。スポーツ記者はプロ野球を娯楽として「消費」するための物語を読者や視聴者に提供することが仕事である。そこには「運動を奨励しよう」という意図は基本的にない。だからこそ人間ドラマばかりを書くし、技術論はほぼ「禁じ手」となっている。

一方、選手たちは自らの技術に誇りを持ち、それを常に磨いてきている。亀梨というテレビスターは、その点に興味を持ち、熱心に取材していたのだ。

私の知っている範囲では、スポーツやメディアの関係者はしばしば「技術論にはニーズがないからやっても意味がない」と言う。たとえば野球のメディアで代表的な雑誌に『週刊ベースボール』があるが、１２０ページほどあるうちプロ野球のチーム戦略、裏話、ドラフト情報などが大半を占め、技術解説はわずかしかない。

一方、たとえば『ゴルフダイジェスト・オンライン』や『アルバトロス・ビュー』といったゴルフメディアはどちらかといえば技術論がメインになっており、野球がゴルフのような文化性を持つこともありえない話ではなかったはずだ。しかし、野球をめぐるメディアは「野球は子どものときにするもの、大人はみる野球を『消費物』としてのみ楽しむ」という見方を再生産し、運動の奨励は決してしないのである。

ジャニーズアイドルは、マッチョ体型よりもほっそりとした少し筋肉質な細マッチョ体型を維持する必要がある。亀梨は俳優やコンサート活動もする忙しい生活のなかで、隙間時間を見つけて、マッチョになりすぎない範囲で野球のトレーニングを続けていく、つまり亀梨の「大人になっても野球に真剣に取り組む」姿には新鮮さがあった。

こうした亀裂の姿勢は、２０１０年代半ば以降に注目されるようになった「野球ＹｏｕＴｕｂｅｒ」たちに大きな影響を与えていったと考えられる。野球ＹｏｕＴｕｂｅｒは、「クーニン」や「トクサン」などが代表的だが、クーニンＴＶは現在約46万、トクサンＴＶは現在約83万のチャンネル登録者数を持っている。

彼らは基本的に草野球をする人たちで、「野球のスポーツとしての楽しさを伝える」ということにフォーカスしている。これは今まで野球をめぐるメディアがほとんど手をつけてこなかったことだ。彼らに影響を受け、草野球シーンはいま活性化しつつある。

また野球ＹｏｕＴｕｂｅｒの登場で何が可視化されたかといえば、野球が生涯スポーツであるということだ。野球は別に高校で終わりでもなければ、大学で終わりでもないし、学生野球で燃え尽きる必要もない。社会人野球やプロ野球など「野球で仕事をする」ということに辿り着けなかったら意味がないのではなく、生涯にわたって続けていけるスポーツである。仕事や学業と両立しながら真剣に楽しく野球に取り組んでいる人たちがいる——これには「アマチュアリズムの体現」としての意義がある。こうしたことは、スポーツジャーナリズムがやるべきでありながら伝えてこなかったことだ。

もちろん、技術論を含めたスポーツとしての野球の面白さは、テキストではなくテレビや

ＹｏｕＴｕｂｅなどの動画だからこそ伝えられるという部分もあるだろう。テキストによるスポーツ評論がやるべきことがあるとするならそれは、いたずらに「大人の男らしさ」にこだわり、アスリートを神格化して「消費」することではなく、野球ならば野球というスポーツの価値をより多くの人に向けて開いていくことではないだろうか。

映画批評家として著名な蓮實《はすみ》重彥《しげひこ》は、かつて野球やスポーツに関する評論も行っており、次のようなことを書いていた。

二〇世紀においては、スポーツ・ジャーナリズムが異常に発展しました。実際、新聞のスポーツ欄のページはますます拡張されていますし、テレビのスポーツ番組は活況を呈しています。人類は、異様な頻度で「運動」を消費し、「運動」について語られている言葉や映像を消費しているのです。それでいながら、「運動」についての言葉を発する主体は、多くの場合、自ら「運動」するには及ばないと考えられている。だが、それでよいのでしょうか。

いいはずがないというのが、私の考えです。それは、まず、二〇世紀に対して無知を決め込むことに他ならないからです。運動について語る言葉の「反＝運動」性の批判なしに二一世紀に足を踏み入れてはならない。二〇世紀から目をそらそうとする「知性」は必ず頽廃するものだからです。その大がかりに共有される無意識の頽廃に逆らうべく、私はここに「運動の擁護」を提起した次第です。

「運動の擁護」。それには、ともすれば動かずに事態を処理しようとする二〇世紀の汎人類的な怠惰への批判もこめられています。その意味で、これは「運動」の嫌いな人類への批判のかたちをとらざるをえない試みとなります。[7]

これは21世紀初頭に書かれた文章だが、メディアがスマートフォンやＳＮＳに進化した今も事態はあまり変わっていない。ここで蓮實が言う「運動」には、もちろん物理的な運動も含まれるが、精神や知性の活発な「運動」も含まれると考えられる。こうしたことをふまえ、次章では「野球とスポーツの価値論」を試みてみたい。

1　山口＝内田雅克「ジェンダー史研究　第二次世界大戦後の「野球」と日本人男性の「男性性」」『東北芸術工科大学紀要22』２０１５年

2　作田啓一『恥の文化再考』筑摩書房、１９６７年

3　横山輝「ヒットを打ったのに処分？　「星野君」の罪と罰を考える」朝日新聞デジタル、２０２１年７月６日
https://digital.asahi.com/articles/ASP75637P63UTIL015.html
4　谷川建司『ベースボールと日本占領』京都大学学術出版会、２０２１年、２３３ページ
5　笠谷和比古『武士道の精神史』ちくま新書、２０１７年
6　武田徹『日本ノンフィクション史』中公新書、２０１７年、１８９ページ
7　蓮實重彥『スポーツ批評宣言あるいは運動の擁護』青土社、２００４年、２４０‐２４１ページ

第8章

野球とスポーツの価値論

「甲子園廃止論」の先へ

スポーツジャーナリストの小林信也《こばやしのぶや》と玉木正之《たまきまさゆき》はコロナ禍以降、「甲子園廃止論」を提起した。彼らの議論は『真夏の甲子園はいらない　問題だらけの高校野球』（岩波ブックレット、2023年）に掲載されている。その論点をまとめると次のようになる。

「真夏の暑さは年々悪化しており、熱中症の危険性が増している」（小林）
「都道府県大会では1回戦で半数のチームが姿を消す。トーナメント制は非教育的である」（玉木）
「軍隊を連想させる坊主頭や入場行進の前時代性は問題だ」（玉木）
「高校野球では大人である監督がすべて決定しているが、本来なら作戦も高校生自身が考えるべきだ」（玉木）
「高校野球は学校の宣伝のために使われており、野球を利用している大人の側が改めなければいけない」（小林）
「野球場では指導者や親たちのガラが悪く、酷い野次や叱責の言葉が飛び交っており、母親たちから敬遠されるようになっている」（小林）
「勝利を追求するあまり選手たちも指導者もダーティーなプレーをすることが当たり前になっ

ており、スポーツへの感覚が麻痺している」（小林）

「部員が大勢いるチームは、補欠になっているメンバーによるBチームやCチームをつくって試合に出すべきだ」（玉木）

小林はこれらの提言を、次のようにまとめている。

野球の素晴らしさは、試合に出て、野球をプレーして感じるものです。BチームやCチームが試合を行えるようにする提案とか、実力別のリーグ戦を変更する提案など、やろうとする意見が出ると必ず費用やスケジュールの点で無理だと言われる。高校生も意見を出して話し合って、何とか克服する方法を見つけ、現在の甲子園大会よりも高校生のために有益な大会を考案すべきです。

こうした小林や玉木の提言には、私自身もほとんど同意する。ただし手前味噌ながら、彼らの提言より前、コロナ禍での緊急事態宣言直後に夏の甲子園が中止になったことを受け、私は自分のブログで「夏の甲子園が中止になった件」というタイトルで、「高校生自身が大会を運営すべき」というアイデアを提起し、Twitter（現：X）などのSNSを中心にそれなりに反響を得た。私はこのブログのなかで、大人たちが高校野球を語るときに「させてあげたい」「やらせてあげたい」という言葉をしばしば用いることに疑問を呈したうえで、次のように書いた。

夏の大会が中止。じゃあどうする？

僕はこの答えは明確だと思う。

自分たちで大会をやればいいのだ。

（中略）せっかくなら、高校球児たちが自分たち自身の手で、大会の運営に携わる機会にしてみたらどうだろう。

自分たちでやってみたら、自分たちが当たり前に享受していた野球の大会が、開催するのがいかに大変なことかが実感を持って理解できるはずだ。そうやって、スポーツの大変さと素晴らしさに気づける、そして自分たちがいかに、いままで周囲の大人たちに支援されていたか、そういうことに思いをめぐらす機会になる。もし高校野球が「教育の一環」なのであれば・・・僕はそういうことも検討してみていいのではないか、と思う。

（中略）甲子園やインターハイは運動部の全国大会だけれども、文化部の全国大会では「全国高等学校総合文化祭（総文）」というものがある。こちらは、「生徒実行委員会」というものがあって、生徒たちの手で運営されているようだ。

野球だって、自分たちの手でできるはずなのに……こういう高校生自身での取り組みがあることをふまえると、高校野球はふだん偉そうな顔をしているわりには、自分たちでできていないので、なんかちょっと恥ずかしいなぁとも思ってしまう。[1]

本書を執筆している現在も私の意見はあまり変わっていないが、ブログを書いた２０２０年当時はそれでもかなり優しかったように思う。また、このブログの後に出た小林や玉木らの「甲子園廃止論」も、まだまだ優しいところがある。

そもそも、高校野球の全国大会などは、高校生にとってあまりにも贅沢である。なぜかというと、旅費や滞在費がかかるからだ。甲子園野球開催時、高野連からは出場チームに1校22人（選手20人、責任教師1人、監督1人）まで、往復の旅費と、1日1人あたり8000円の滞在費が支給される。

しかし多くの学校は部員が20人では済まず100名ほどいる場合もあり、選手20人以外の旅費・滞在費を捻出しなければならない。さらにアルプススタンドの吹奏楽部や応援リーダー、そして応援に向かう野球部以外の生徒たちの旅費・滞在費は当然ながら出ない。ではどうしているかというと、学校が中心になって保護者やOB・OGに寄付を募り、それで部員や応援の生徒の往復のバス代や宿代を捻出しているのである。NHKの甲子園中継ではアルプスタンドの応援風景も「コンテンツ」として消費されているが、それらは保護者やOB・OGなどの善意＝寄付に依存しているのである。

もっともこれは、非野球部員の生徒にとってはラッキーな事態だったりする。「夏休みに学校の友だちと関西旅行に行ける」「試合の日以外は暇なのでUSJとかにも行ける」など、特典が盛り沢山だからである。「夏休みに応援を強制されるから野球部はクソ野郎」どころか「野球部ありがとう！」となりかねない話だが、こんなことは大っぴらに言えない。まあ、それは一旦置いておこう。

冷静になって考えたいのは、自分でアルバイトしてお金を稼げる大学生以上ならまだしも、週６以上練習・試合をしてアルバイトもできない高校球児に、果たして全国大会などという贅沢なものは必要なのか、という問いである。いや、アルバイトＯＫな学校もあるのだし、そもそも週６以上の活動をする必要があるのか？……というふうに、無限に問いが生産されてしまう、そんな催しが夏の甲子園野球なのである。こうして原則論的に考えていくと「甲子園野球は廃止しかない」という結論に至らざるを得ない。

大学野球には「関甲新学生野球連盟」といって、埼玉県以北の北関東及び甲信越に所在する大学の硬式野球部で構成された大学野球リーグがある。このリーグはカバーしている範囲が広く、移動距離も長いため、旅費や滞在費は学生たちがアルバイトして賄《まかな》い、１人あたりの年間活動費は30万〜40万円にも及ぶケースもあるという。それぐらい「遠征」はお金がかかるのである。

仮に、大人の関与や「コンテンツ活用」のような邪《よこしま》な動機をなくし、高校野球は高校生自身の手で行われるべきであるとしたとき、どうなるか？思考実験として考えてみよう。

おそらく、今の甲子園野球のような旅費・滞在費のかかる大規模大会はできないだろうから、まずは近場のチーム同士で日程を調整して、学校のグラウンドでリーグ戦をやることからスタートすることになる。そもそも現実の高校野球では、隣同士の学校のチームですら友人関係になかったりする。勝利至上主義に毒されきっているので、「野球を通じて学校外に友達の輪を広げよう」という発想すらないのだ。したがって、順序としてはまずそこからになるはずだ。

仮に、高校生たち自身が、もし少しお金をかけて大会規模を大きくしたいと思うのであれば、スポンサーを集めて、球場を借りて、入場料を徴収して費用を賄っていくことをプロジエクト学習として行うことになる。もし彼ら彼女らがどうしても全国大会をやりたいのであれば、自分たちの力でそれを成し遂げればいい。大変困難な道のりになるが、それは「野球の練習に打ち込んで試合に勝つ」こと以上の感動と成長をもたらしてくれるだろう。このように正当な順序を踏むやり方は、アントレプレナーシップ教育の良い機会になる。ここまでできてはじめて、「高校野球は教育の一環である」と、自信を持って言えるようになる。高校生自身の主体的な取り組みを軸にした高校野球ができるなら、スポーツを通じた真の教育的価値が生まれるはずである。

「甲子園の土」をメルカリに出すのは健全である

２０２０年夏の甲子園中止は、さまざまな波紋を野球界に投げかけた。なかでも「甲子園の土メルカリ出品事件」は、甲子園野球の価値を疑わない野球人たちにとっては不穏なニュースであった。

事の発端は、甲子園球場を本拠とする阪神タイガースが、「コロナ禍で甲子園の夢を絶たれた球児たちを励ましたい」と、全国の高校野球部の3年生（マネージャー含む）約５万人に「甲子園の土」が入ったキーホルダーを贈ったことだった。しかし後日、それがフリーマーケットアプリ「メルカリ」に続々と出品されていることが発覚したのである。

これを受け、巨人やボストン・レッドソックスなどで活躍した上原浩治《うえはらこうじ》はＴｗｉｔｔｅｒに「こんなことをする奴がいるんかぁ。何か寂しいなぁ…阪神の関係者の気持ちもキーホルダーには入ってるのに…」と批判的な投稿を行った。[2] 野球界では、大人の善意の行為をふみにじる現代の高校球児のモラル低下が懸念されたのである。

しかし「甲子園の土」キーホルダーは過去にも来場者特典として無料で数万個以上配布されたことがあり、そもそも中身はただの土である。高校生たちはそれにありがたみを感じるのではなく、大人たちの「君たち、甲子園に行きたかったんだろう。今回は残念だけど、代わりに甲子園の土を送ってあげるね」という上から目線の押し付けがましさを感じ、なかには「こんなものいらないから、メルカリで処分しよう」と考えた者もいたのだろう。

私の考えでは、ほとんどの高校球児は甲子園を目指していない。「甲子園」は基本的にグラウンドなどの設備が潤沢で、中学硬式クラブチームなどから有力選手を集めることができ、専門的な指導が受けられ、プロのように野球に専念できる私学強豪校に占有されている。勉強もしなければならない普通の高校生はまったく太刀打ちできない。

これは都市部ほど顕著な傾向であり、たとえば神奈川や愛知、大阪など180ほどのチームがある「激戦区」でも、夏の甲子園に出られるのは1校でしかない。「それでも公立で甲子園に出ている学校があるじゃないか！　諦めるな！」と言われる。たしかに地方部ではギリギリ可能ではあるが、そういった公立校であっても野球専用グラウンドを持っていたり、野球推薦に近い抜け道を活用して有力選手を集めているケースが多い。

ほとんどの高校球児は仲間と楽しく野球をやりたいだけだが、大人たちや世間から「高校野球をやっているなら甲子園を目指しているんだろう」という強烈なまなざしを受けるため、「すべてをなげうって甲子園を目指す」という高校球児像をみなで演じ合っている。この矛盾が露呈したのが「甲子園の土メルカリ出品事件」だったと、私は考えている。

甲子園野球の「神聖さ」は、メディアによって長年かけて作り上げられてきた巨大な虚像である。野球好きの保護者たちは、我が子を甲子園に出場させたいがため、小中学生の早い段階から本格的な硬式野球クラブチームという「野球塾」的な場に通わせ、高校の強豪チームに送り出そうとする。生徒不足などの難題を抱える私立高校は経営資源確保のため、野球で進学したい生徒を集めようとする。その両者をマッチングさせるべく、ブローカーが暗躍する。生徒が強豪校に入学すると、競争が激しすぎて3年間ベンチ入りもできずにスタンドで応援し、野球に専念していたせいで勉強もあまりできておらず、指導者の口利きでやはり野球に力を入れている私立大学に入学することになる。そこでも高校と同じような生活を繰り返し、一般社会に出る準備もままならない――。

これはやや極端な描写だが、一人ひとりの人生の中心に「野球」が置かれてしまうと、「甲子園に出る」とか「プロ野球選手になる」という夢が叶わなかったときに、自分の人生を取り戻すためには大変な労力とガッツが必要になる。私の知るかぎり、それでも頑張って生き抜こうとする人が多いが、なかには犯罪に手を染めてしまう者もいる。

近年の野球界に衝撃を与えたのは、２０１７年に夏の甲子園で優勝したチームの主将が２０１９年に強盗致傷の容疑で逮捕され、懲役5年の実刑判決を受けたことである。この人物は高校卒業後に駒澤大学の野球部に入部したが、「先輩に深夜にコンクリート上で正座させられ、たばこの火で根性焼きをされた」などのことがあり退部。大学も退学し、実家で引きこもっていたときに、旧友から「人のいない家からお金を運ぶ仕事がある」と誘われ、犯行に及んだという。[3]

控訴審では社会福祉士が証人として出廷し、被告の「性格の弱さ」を克服するために心理カウンセリングを受けさせ、比叡山延暦寺《ひえいざんえんりやくじ》で修行させるなど、「自分と向き合う」取り組みが強調された。しかし被告が謝罪文やアルバイトで貯めた弁償金5万円を被害者に渡そうとしたところ、受け取りを拒否されている。[4]

こういった事例にも、高校野球のもつ文化性の良くない一端が現れていると考えざるをえない。他者に被害を与えてしまったときに、「比叡山で修行する」ことが被害者に反省と受け取ってもらえるとする思考は、高校野球的な「野球に一意専心することで何かが得られる」という誤った観念の暴走なのではないだろうか。

「重いバット」が助長する負荷と格差

現代の「甲子園」を中心とする高校野球文化は、実は一人ひとりの思想にとどまらず、「身体」まで規制している。そのことが象徴的に表れているのが、バットの重さに関するルールである。

高校野球では１９７４年から金属バットが用いられているが、これはもともと経済的理由から導入されたものだった。それまで高校野球では木製バットが用いられていたが、硬式球という石のように硬いボールを打つとすぐに折れたりひびが入ったりして使えなくなり、費用がかさむ。そこで高野連は、木製ほど簡単に破損しない金属バットを導入することを決定した。

ところが時代を経るにつれ、野球用具メーカーが技術革新で「飛ぶバット」を開発・販売するようになったことから打球が速くなりすぎ、投手や内野手などの怪我の危険性が高まった。そこで２００１年からはバットの最大直径を67ミリと細くし、重さを９００グラム以上とする規定が盛り込まれた。バットを重くすればスイングスピードが鈍くなり、危険性が抑えられると考えられたのである。

ところがその後、日本の野球用具メーカーは（これは良くも悪くもだが）さらなる技術革新を行い、900グラムの重いバットでも振り抜きやすく、打球が飛ぶバットを開発していった。そうして再び怪我の危険性が高まったのである。

そこで2021年より高野連は金属バットの基準を再設定し、バットの最大直径をさらに細くして64ミリ未満とし、新たに反発性能規定も盛り込んだ。新基準適用後の甲子園野球では、ホームランが激減したことで大味な試合が少なくなり、積極的な走塁や小技などを用いる「スモールベースボール」の伝統が復活したとも評されている。


ここで問題なのは、「900グラム以上」という重量規定がいまだ残っていることである。実は900グラムのバットは大変重いものであり、現代プロ野球ですら900グラム以上のバットを使用している選手は多くない（主流は850～880グラム程度）。また、大人の男性が多い成人の軟式野球では700グラム台が一般的である。成人男性の腕力を基準にしても「900グラム以上」は明らかに重い。

この規定が高校野球に何をもたらしたかというと、ウェイトトレーニングと「食トレ」のブーム化、高校球児の体格の巨大化である。ウェイトトレーニングをするには学校に機材を揃えるか、高校生自身がお金を払って公営ジムなどに通うかしなければならない。また筋肉を追い込んだあとに超回復させるにはプロテインが必要で、購入代金がかかる。さらに栄養摂取の重要性が改めて認識されたが、それが過激化して大量の食物を無理にでも摂取する「食トレ」がブームとなった。まだ成長期の高校生が筋力増強に熱心になり、体を急速に大きくするために過食を行うことは、筋トレで鍛えられる骨格筋にとどまらず胃腸に負担をかけてしまう。

それでもなお「９００グラム以上」という規定が堅持されているのは、高野連や「高校野球を愛する」大人たちが、私が第２章で述べた「頂上と裾野」でいえば、甲子園に出場するようなトップオブトップの選手・チームのことだけを考えているからである。

「頂上」の者たちであれば、高校生にはあまりに過剰な９００グラム以上というバット規定に合わせて体を巨大化させる環境を持っており、平均体重は70キロ以上であるため、それほど負担なくプレーできるだろう。しかし一般の高校生は、男子にかぎっても平均体重は60キログラム程度にすぎない。そう考えると、平均体重85キロを超えるプロ野球選手が使うものよりも重いバットを、硬式野球を行う高校生全員に強制していることは問題であると言わざるを得ない。

高校球児の健康については、しばしば「甲子園野球での球数制限」などの問題に限定して議論されてきた。他にも、高野連はユニフォームやグローブ、バッティング手袋やスパイク、サングラスの着用有無に関して規制を設けており、こうしたファッション規制も批判されることがある。しかし、高校生にお金と労力をかけさせ、心身に負担をかけるバット規制のような問題は、改めて「大人たち」の側の動機も含め、問い直されるべきだろう。

「青春の燃焼」から「土台作り」と「再創造」へ

高校野球をめぐる報道でしばしば繰り返されるのが「青春の燃焼」という観念である。曰く、「高校球児たちにはこの夏に完全燃焼してほしい」とか、「勝敗を超えた感動をありがとう」などといったフレーズが、それを象徴している。しかし冷静に考えてみれば、高校野球で完全燃焼する必要などまったくない。

私が所属していた大学野球部には、現役の後輩たちを熱心に支援するOBの方々が多くいる。そのうちの一人と話していたとき、その方は「大学野球は、高校で燃え尽きられなかった人が完全燃焼する機会にしてほしい」と語っていた。私は「それは違うんじゃないですか。

燃え尽きずに続ければいいじゃないですか」と言った。自分が実際に成人の軟式野球チームで日々活動しているからだが、その大先輩の方はあまりピンと来ていないようだった。

野球は若い頃に完全燃焼して「やりきった」と思えるようになるのが素晴らしく、プロ野球選手や社会人野球選手にならなかったら、その後は自分ではプレーせず、「大人の男」として仕事に打ち込む。学生時代の野球仲間を見るかぎり、「野球部」出身者はこういう観念で人生を送りがちである。それは自分にとっても非常にわかる感覚で、なぜかというと高校・大学野球はあまりに辛いことが多く、「野球＝きついもの」という思い込みが形成されてしまうからだ。実際、私も大学野球を終えてからは「二度とやりたくない」と思っていた。

しかし、果たしてそれでいいのだろうか？ ふとしたきっかけで草野球界に飛び込んでみると、学生時代のように一意専心はしていないが生活や仕事とそれなりに折り合いをつけながら楽しんでいる人や、はたまた仕事に打ち込みながらもさらなる高みを目指しトレーニングを続けている人、学生野球は経験していないながらも成人してから初心者として始めてメキメキと実力をつけている人など、いろいろな関わり方をしている人がいる。学生時代は強豪校でバリバリとプレーしてきたが、今は決して上手とはいえない仲間をサポートするという新たな関わり方をしている人もいる。

草野球経験のある人に共通するのは、学生時代の野球経験を「いい大学、いい会社」などの世俗的価値に変換するというよりも、「野球をプレーする」という関わり方のなかで自らを変化・成長させているということである。これはアマチュアリズムの理想的な姿である。

もっとも、このような人々の存在はメディアで注目を集めることがないため、ほとんどの人は知ることがない。その価値を測るには複雑なものの見方が必要になるからである。既存のメディアは、受け手の受信力を過小評価している――より直接的には「侮《あなど》っている」――ので、スポーツの価値を「数値」「実績」「売上」などのわかりやすいもので表象しようとしてしまう。

だが本来、スポーツの価値は実に複雑なものである。野球界にかぎっていえば、「高校野球＝青春の燃焼」という観念がここまで流布《るふ》されてしまったことが問題だ。

そこで私が提言したいのは、「高校野球＝青春の燃焼」という観念に代わって、「高校野球＝豊かに人生を送れるように生涯にわたってスポーツに親しむための土台づくり」と定義しなおすことである。

高校野球＝土台づくりと考えるなら、無理なトレーニングや週6の練習に明け暮れて「汗と涙」で必死に勝利を目指すことは必ずしも必要ではない。高校生自身が折衝をおこなって近隣校とリーグ戦を戦うこともちろんよい経験になるであろうし、高校生年代に適したトレーニングをどのように行うのかを考えたり、大会での勝利ではない多様な価値に気づくこともできる。それが、高野連や朝日新聞が空念仏《からねんぶつ》のごとく繰り返す「高校野球は教育の一環」という価値の、現実的な意味での実現につながるはずである。

また、このような現実をふまえたとき、日本社会の「青春観」にも大きな問題があると考えざるを得ない。「高校野球で燃え尽きること＝青春」という価値観は、若い頃の時間を過剰に高く見積もっているため、成人になると「野球卒業後は仕事に打ち込む」という極端な考え方へと反転してしまう。仕事でうまくいかなかったら落ち込み、長時間労働で趣味の時間も持てない状況を加速してしまう。

「日本野球の父」安部磯雄は、スポーツは「レクリエーション」であると説いた。[5] 現代日本ではレクリエーションというと社員旅行での余興のようなものとして捉えられてしまうが、安部によればRe-Creationはすなわち「再創造」である。これは「気分転換」という意味も含む。

気分転換といっても案外、軽んじられるものではない。普段の仕事や勉強、家事などから一度解放され、気分転換をし、リフレッシュしてふだんの生活に戻っていく、そのためにスポーツがある。気分転換は人間の生活にとって非常に重要――どころか、必要不可欠なものである。目に入る景色を変えたり、普段の生活でしない動きをすることによって創造性も再び高まっていく、それがスポーツの役割である。このことをもう一度、認識する必要がある。そういうRe-Creation（リ - クリエイション：再創造）のひとつの手段として、野球というものを捉え直したい。

押川春浪のライフスタイルスポーツ的身体観

本書第4章の後半で私は、1900年前後の一高で〈体育会系〉と〈文化系〉の対立が起こったことを述べた際に、こう書いた。

魚住は「運動は個人の趣味嗜好の問題である」と主張した。有山輝雄の論を敷衍するならば、「この時期の一高野球部は、個人の『趣味』を基盤とする運動観、野球観を育てるべきだった」ということになるだろう。この論に沿うならば、「運動はしてもしなくてもいい、趣味のようなもの」という認識になる。

ところが、現代ではさまざまな医学研究によって「運動は生活習慣病の予防、メンタルヘルスの向上、生活の質の向上に役立つ」ということが科学的事実としてほぼ動かしがたいものになっている。今も昔も運動を人間の生活を支える重要な基盤のひとつとして捉えることは可能だったが、魚住は運動を「趣味嗜好」の枠に押し込めてしまった。（本書第4章）

現在、野球界の意識の高い指導者やメディアのあいだでは「野球を楽しもう」「楽しくなければスポーツじゃない」とでもいうべきムーブメントが広がりつつある。結構なことのように思えるが、これは魚住の言う「趣味嗜好」論と、実は中身としてはあまり変わりがない。

本書でも述べてきたように、戦前日本では「野球を楽しもう」という論理は成立しづらかった。なにせ戦時中の「ぜいたくは敵だ」という標語に極端なかたちで象徴されるように、戦前日本では「個人の楽しみを追求する」という個人主義は追求しづらく、やがて人々の身体は国家という共同体へと従属させられていったからだ。戦前期の野球人たちは「野球は体育である」ということを主張したが、それはやがて昭和以降の総力戦体制整備の過程で、「野球は体育であり、体育は強い兵士を養成する」という論理に回収されてしまったといえる。

魚住は個人主義の選択の自由（趣味嗜好）のなかで、文学、詩歌、哲学と同列に運動を並べた。いわば運動も「選択科目」であるとしたわけである。

だが一方で、「体育」には「教育としての身体活動」という重要な役割があったことも事実である。このことを魚住と同時代に真っ向から主張したのが押川春浪だった。彼は、次のように書いている。

人間は、知力が驚くほど発達するように、体力もまた驚異的に発達できる存在である。しかし、現代の人類の発展は自然なものではなく、不自然な方向に進んでいると考える。今日の文明開化と呼ばれるものは、真に完成されたものではなく、アンバランスなものにすぎない。

社会の表面的な華やかさや発展は日々進歩しているように見えるが、人間の精神や体力は逆に日に日に衰退している。科学技術の発明はますます盛んになり、社会の仕組みもただ機械的に変わっていくばかりで、人間は知識の操り人形か、金銭欲に駆られる存在になろうとしている。特に憂慮すべきは、体力の衰えである。昔は重たい鉄棒を軽々と振り回す人も多くいたが、今ではわずかに重たい荷物を持ち上げられる人ですら非常に稀《まれ》である。

ああ、この偏った文明は、人々を自然な力の発達から遠ざけ、やがてすべての人間を病弱な存在に変えてしまうだろう。交通機関の発達を見よ。私たちの下半身の発達を妨げ、ハイカラ紳士たちの持つステッキはどんどん細くなり、それに合わせて彼らの腕も首もどんどん細くなっている。

医学や薬学の進歩は確かに目覚ましいものがある。しかし、昔の人がその名前さえ知らなかった病気が、今ではそれ以上の勢いで広まっているのはなぜか。いわゆる衛生的とされる生活習慣が徐々に発達しているにもかかわらず、世間の人々がますます虚弱になっているのはなぜか。

その理由はただ一つ。人々が偏った文明の流れに巻き込まれ、人間の持つ自然な力の発達がどれほど大切で尊いものかを忘れてしまったからである。ただ知力の発達だけを重視し、体力の発達を軽んじた結果、自然の報いを受けているのだ――。

（押川春浪「最近野球術に序す」橋戸信『最近野球術』博文館、１９０５年。明治文語文を現代語訳し、適宜改行を施した。以下同様）

春浪は冒険ＳＦ小説家らしく、交通手段や医科学といったテクノロジーの発達は肯定しつつも、人間の生活の基本的土台をなす身体が疎《おろそ》かにされていることを強烈に批判している。知性やテクノロジーが発達する一方で身体が虚弱に向かっている状況を「アンバランスな文明開化」と批判しているわけである。さらに春浪は以下のように続ける。

世間の人々は、たくましく丈夫な体を持ち、石の上で寝たり、猛虎を素手で倒したりするような強い体力を、まるで野蛮人の特徴であるかのように言う。しかし、青白い顔をしてすぐに疲れてしまう体を、文明人特有のものとして誇ることが本当にできるのだろうか。肺病（結核）や神経症になり、細くやせ細った足や首を持つことが、20世紀の人間にとって欠かせない条件なのだろうか。

私は、どんなに小さな川にも鉄橋が架けられるようになった今日の世の中を、確かに素晴らしいと思う。しかし、それ以上に望ましいのは、人間の体力も同じように発達し、三間（約5・4メートル）ほどの川なら平気で飛び越えられるようになることではないか。

時速40キロで走る汽車の発明は、文明の産物として私も大いに歓迎するが、もし人間自身が汽車と同じくらいの速さで十里（約40キロ）を走れるようになったなら、そのほうがさらに楽しく、便利なのではないか。

私たちの祖先には、一日に百里（約４００キロ）を走り、一か月で千里（約４０００キロ）を歩くほどの体力を持ち、獅子を蹴り倒し、ワニを引き裂くような勇者もいた。しかし、一方で「文明」が進歩するにつれ、私たちの体力はますます衰えている。そしてこのままでは、さらに弱くなっていく一方だろう。

もしこの傾向が止まることなく続けば、今から数百年後、私たちの子孫は誰もが飛行艇に乗り、空を自由に飛び回るようになるかもしれない。そして、ある者は天女を感動させる詩を詠み、またある者は無から有を生み出すような魔法じみたことを成し遂げるなど、いわゆる「物質的文明の発展の極致」を迎えることになるかもしれない。

しかし、その頃には人間の体は幽霊のように弱々しくなり、何かを話そうとするだけで肺病の血を吐き、この美しい世界を汚すことになってしまうだろう。もしそのような事態になっても、人々はなお「文明の進歩」を誇ることができるのだろうか。（前掲書）

「無から有を生み出すような魔法」を用いながら「幽霊のように弱々しく」なっていく人々は、家にいながらＺｏｏｍやＴｅａｍｓを使って遠くの人と仕事をしたり、スマホやＶＲなどで手軽に娯楽を享受しながら、身体が虚弱化していく現代の我々のようにも思える。

現代のテクノロジーの進歩による消費社会化に対する反動としていま人気となりつつあるのが、パルクール、スポーツクライミング、ブラジリアン柔術などのライフスタイルスポーツだ。たとえばパルクールは、都市空間を障害物ではなく挑戦の場として捉え、身体の可能性を最大限に活かす運動である。春浪の「川にかかる鉄橋を渡るのではなくジャンプして飛び越える方が楽しいし便利」という身体観は、現代の街中でビルとビルの間を飛び移るパルクールのトレーサーのようである。こうした考え方は、20世紀的な既存スポーツよりもむしろ21世紀的なライフスタイルスポーツに近い。

カウンターカルチャーとしての運動

また春浪は、藤村操の投身自殺事件以降、若者たちのあいだで沸き起こった個人主義に基本的に共感しながらも、それに伴う「煩悶ブーム」に違和感を抱えていたらしいことが次の記述からうかがえる。

たとえ多少の知力を持っていたとしても、強い体力がなければ、どうして天下の大事を成し遂げることができるだろうか。今日の世界は、一見すると才能ある人々が活躍する舞台のように見えるが、実際には「強者が勝つ世界」である。そして、これからの時代は、ますます戦いと競争の場になっていくだろう。強い者は勝ち、弱い者は敗れる。それは避けられない現実である。

もちろん知力も必要だが、無鉄砲な勇気がなければだめだ。胆力がなければだめだ。エネルギーがなければだめだ。そして、これらの力は、多くの場合、強靭な体力から生まれるものである。身体が弱くなれば、それに伴って気力も弱くなり、恋の歌を詠んでは滝壺に身を投げるような軟弱な人間になってしまう。そんな人間に、一体何ができるというのか。（前掲書）

「恋の歌を詠んでは滝壺に身を投げるような軟弱な人間」は明らかに藤村操を念頭に置いている。春浪はしばしば「国家に貢献しよう」という集団主義的価値観を用いるが、それはエクスキューズとして使われている部分も大きい。彼は煩悶ブームを批判的に捉えつつも、個人として能力を発揮していく個人主義的な人生観そのものを前提とし、その土台として体力が不可欠であることを力説しているわけである。

春浪が「健康」を非常に重視していたことは、当時としてはまだ珍しかった健康本をプロデュースしたことからもうかがえる。現代日本では武道家の甲野善紀《こうのよしのり》が提唱する健康法が一

（上）春浪が主筆を務め大人気となった少年雑誌『冒険世界』の創刊号（1908年、博文館）。冒険SF小説から体育にまたがるさまざまな記事を掲載、読者コミュニティも活発だった。（下）春浪が寄稿していた少女雑誌『少女世界』の第2巻11号（1907年、博文館）。ファンシーな表紙デザインとは裏腹に、彼が執筆した小説の内容はとんでもなく破天荒なものだった（後述）。（三康図書館所蔵）

定の人気を得ているが、甲野の思想の源流には「肥田式強健術」の元祖である肥田《ひだ》（川合《かわい》）春充《はるみち》という人物がいる。１８８３年生まれの肥田は、もともと病弱だったが18歳のときに心身改造を志し、古今東西の健康法や運動法を研究・実践、大学卒業後の１９１１年には『実験 簡易強健術』を出版しベストセラーとなり、世に強健術ブームを巻き起こした。１９１４年には春浪が起業した出版社・武侠世界社から『心身強健術』を出版しベストセラーとなったが、春浪はこの本の跋文《ばつぶん》（書籍の冒頭に掲載される推薦文）を書いていたりもするのである。

　それと同時に春浪は、都市化や消費社会化に対するカウンターカルチャーとして「運動」を位置づけていた。たとえば天狗倶楽部はスタートからゴールまで、川があろうが家があろうが、ひたすらまっすぐ進むレースを企画したりもした[6]。また彼が主筆を務める雑誌『冒険世界』では東京の街を走る大規模ランイベント「振武大競走」を企画するも、当時はマラソン大会のために警察が協力する習慣がなく、警察から中止命令を受けている。

　他にも春浪と天狗倶楽部は読者イベントとしてＳＦ大会のようなシンポジウムにキャンプ、ワンダーフォーゲル的なアクティビティを掛け合わせるなど、現代の〈文化系〉〈体育会系〉の二項対立図式を超えた、斬新ともいえるイベントも開催していた[7]。

こうした春浪の思考は、彼の執筆した作品からも読み取ることができる。春浪の文学は「敵への具体的憎悪でも他者を制圧することの快感でもなく、それとは正反対の感情、正義への情熱と、解放への希求」[8]であり、「「友」が「友」を呼び、「友」が参集し、その輪が拡大してゆくさまを読む楽しみ。ここに描かれているのは「友とつながろうとする希求」[9]」を特徴としていた。

　現代のライフスタイルスポーツは、スポーツ＝競争や勝利ではなく、「個人の成長とコミュニティ形成」にフォーカスしているからこそ、若い世代に支持されている。春浪や天狗倶楽部のメンバーたちは、『冒険世界』や『武侠世界』誌上で「冒険」の魅力を伝えるにとどまらず、読者コミュニティとともに現実世界を「冒険」の場にしてしまおうとした。いわばAR（拡張現実）的な発想で文化を作っていたのである。それは一方的な発信（クリエイター）と受信（読者）という関係にとどまらず、両者の間に双方向的な関係性を実現しつつ、その境界を消失させ、現実世界を舞台に「冒険」に乗り出そうとするカウンターカルチャー的な試みであった。

「体育」という土台、「スポーツ」という応用

近年、「体育」という言葉の「スポーツ」への言い換えが進められている。日本体育協会は日本スポーツ協会へ、国民体育大会（国体）は国民スポーツ大会へ、祝日である「体育の日」は「スポーツの日」へ、という具合だ。スポーツ関係者たちは、「体育」という言葉がすっかり嫌われるようになったので、「スポーツ」という楽しげな言葉に言い換えて、ポジティブな意味合いを持たせようとしているのかもしれない。これは昨今の野球界をはじめスポーツ界で、「勝利至上主義の脱却」や「スポーツ＝気晴らしなので楽しくやろう」と叫ばれていることとパラレルな現象であると考えられる。

しかし、私の考えでは「体育」と「スポーツ」はきちんと区別されるべき概念である。「体育」という言葉はもともと「身体教育」の略語であり、基本的な身体能力を養い、健康の基礎をつくるためのものである。これには有酸素運動（ウォーキング、ランニング、水泳、登山など持久系の運動）、ストレッチ、筋力トレーニングなどが含まれる。一方、「スポーツ」とは、競技やゲームの要素を含み、楽しさを重視する運動である。体育をスポーツに言い換えてしまうと、この役割分担が見えにくくなってしまう。

たとえば安部磯雄は野球害毒論争の際に、以下のような論を展開している。

もし天下の学生がことごとくサンドーの鉄唖鈴《あれい》で満足するならば、保守的教育家は万歳を唱えるかも知れないがいかに害毒がないからと言うて、今日の学生がサンドーの鉄唖鈴や兵式体操で満足するものでないことはいかなる非野球論者でも承認するであろう。興味の薄い運動は害毒が少ない代わりに広く行われない。これは運動の原則であるということをまず保守論者に記憶して貰いたいのである。圧制的にやればこそ中学生など神妙に兵式体操をやっておるけれども、自ら進んでこれを唯一の運動法としておる学生は極めて稀であろうと思う。
（安部磯雄「野球と学生」押川春浪、安部磯雄『野球と学生』広文堂、１９１１年）

安部の言う「サンドー」とは、プロイセン王国ケーニヒスベルク（現在のロシア連邦カリーニングラード）生まれ、「ボディビルの父」として知られるユージン・サンドウ（１８６７〜１９２５年）のことである。サンドウは19世紀末に怪力興行でヨーロッパ・アメリカを席巻し、日本では１９００年に彼のトレーニング法が『サンダウ体力養成法』として翻訳出版され、鉄唖鈴＝ダンベルを用いたトレーニングが紹介された。[10]「サンドーの鉄唖鈴」とは、要するにウェイトトレーニングのことなのである。

もうひとつ、兵式体操とは学校教育に導入された体操の一種であり、男子に徴兵制が敷かれていた戦前日本では特に明治後期から昭和前期にかけて普及した。内容は「気をつけ」「回れ右」「進め」といった軍隊式行進、銃剣の取り扱いなど軍事的要素はもちろんあったが、それ以外にもラジオ体操のような動的・静的ストレッチや、スクワット、鉄棒、跳び箱、立ち幅跳びといった自体重トレーニングの要素が多く含まれていた。[11] 特に軍隊式行進は、軍事優先のイデオロギー性を一旦無視すると、ウォーキングやジョギングなどの有酸素運動であると捉えることができる。

そういった点を踏まえたうえで、安部の議論の続きを見てみよう。

競技運動には体育ということと娯楽ということとの二要素があって、いずれが主であり、いずれが従であるということは言えない。もし体育だけで良いということならば、前に陳べたごとくサンドーの鉄唖鈴でもその目的を達することが出来る。しかし体育と共に健全なる娯楽をも与うるということは、教育上重要なる問題である。人間は何らかの娯楽なくしてはすまないのであるから、なるべく健全なる娯楽を提供するということを教育家は常に考えておらねばならぬ。（前掲書）

ここで安部が言っていることを私が現代的にアレンジすると、以下のようになる。「体育」にのみフォーカスすると、ウォーキングやランニングなどの有酸素運動、ヨガなどのストレッチや姿勢制御、ウェイトトレーニングや自体重トレーニングなどの筋トレは健康づくりの土台として非常に重要である。しかし、こうした「体育」は「興味の薄い＝あんまり面白くない」運動である。有酸素運動、ストレッチ、筋トレだけでは、運動に対してモチベーションを持ち続けることが難しい。そこに野球のようなゲーム性のある「スポーツ」を応用として加えることで、人ははじめて運動を面倒くさがらずに続けられるようになる。「体育」という土台、「スポーツ」という応用はどちらも必要なものだ。こうした安部の整理（と、私が加えた解釈）は、現代社会で野球などのスポーツを捉える上で、今一度必要になるものではないだろうか。

さらにもう一点、加えておこう。安部は同じ文章のなかで当時の中学の例を挙げて、以下のような指摘をしている。

> 余は常に考えているのであるが、教師が生徒と同様に運動に熱中している所において運動の弊害ということを聞いたことがないのである。校長や教師が運動家、殊に野球選手に対して酷評を下すのは全く彼ら自身が運動をやらないからである。（前掲書）

野球界にかぎらず、スポーツに関わる「選手以外」の人たちは、あまり熱心に運動をしない。現代の「高校野球の名将」はノックぐらいはするものの、選手と同じように走ったり投げたり打ったりはしていないだろう。〈体育会系〉でよくある試合に負けたときの「罰走」で、敗戦の責任を負うべく選手と一緒に指導者も走る、という光景を私は見たことがない。

スポーツ報道を仕事にしているスポーツ記者たちも、「ささえる」スポーツを担う少年野球の保護者や、学生野球の女子マネージャーも同様である。大人（≒選手以外）が、子ども（≒選手）と同様に運動に熱中していない場所では、スポーツ観が単なる消費的なものに偏りやすくなる。さらに現在のスポーツ界では、「楽しさ」重視の流れと「体育」の軽視が並行して進みつつある。この状況をそのまま進めるのではなく、大人（≒選手以外）もその能力にあわせて運動に熱中できること、そのための環境づくりが必要ではないだろうか。

〈体育会系〉における「優生学」という落とし穴

そもそも21世紀の日本でなぜ「体育」という言葉がすっかり嫌われているのかというと、20世紀前半＝帝国主義とファシズムの時代に、学校体育を中心に「身体を鍛える」「規律を守る」「忍耐力を養う」といった教育的・道徳的な側面が強調されすぎ、それが戦後も続いたからだ。そのため、体育は「軍事教育や権威主義と結びついたもの」として、戦後の自由主義的な価値観の中で次第に批判の対象となるようになった。

さらに、20世紀の一大思潮であった「優生学」も、現代日本の「体育」の負のイメージに影響を及ぼしている。優生学は簡単にいえば、優れた血統を残し、劣った血統をなくすことで人類全体の質を向上させようとする思想である。[12] ナチスドイツによるホロコーストはその代表的なもので、ヒトラーはユダヤ人を「劣った人種」とみなし、絶滅させることによって「人種的衛生」を実現しようとした（優生政策）。ナチスはユダヤ人だけでなく障害者、同性愛者、遺伝性疾患を持つ人なども対象とし、安楽死や強制断種手術を施して子孫を残せないようにする政策を実行した。さらに「優れた人種」であるとしたドイツ人や北方人種の血統を増やそうと、若いナチス党員男性とノルウェーなど北方人種の女性の密通を奨励、そこで生まれた子どもを育てる施設（レーベンスボルン＝生命の泉という意味）まで運営していた。

ナチスは極端な例であるが、優生学は戦前のドイツに限ったものではなく、20世紀の戦前戦後を通じて日本、アメリカ、ヨーロッパ各国などの政策に強い影響を及ぼしてきた。

そして厄介なことに、「日本野球の父」である安部磯雄は、戦前日本における有力な優生学論者の一人であったのである。日本における社会主義運動の草分けであり衆議院議員も務めた安部の優生思想については、歴史研究者たちによって多数の研究が積み重ねられている。[13]紙幅の関係でその詳細な紹介はできないが、私の考えでは「日本野球の父」「日本社会主義の祖」である安部磯雄が優生学に関心を持ったことは、彼が野球に関わり続けたこと、さらに近代日本が抱えてきたクリティカルな問題と大きく関係している。

優生学は人種思想と強く結びついていたが、アメリカにおいてはとりわけ「黄禍論《こうか》(Yellow Peril)」のかたちで表れた。黄禍論とは、中国人、日本人、韓国人などの黄色人種=東アジア系という異質な存在が、その人口の多さによって白人中心の欧米列強に脅威を与えるという考え方である。[14]北米では19世紀後半から中国人移民が、さらにその後は日本人移民が次々とやってくるなかで、安部磯雄が1905年に早稲田野球部を引き連れてアメリカ西海岸に遠征した際、当地ではすでに東アジア系に対する排斥運動が吹き荒れていた。安部は、早稲田のアメリカ遠征をレポートした著書『北米の新日本』(博文館、1905年)のなかで、アメリカ国内の日系移民排斥運動に強い懸念を表明している。

明治維新以降、多くの日本人がハワイや北米へと移住したが、その背景には当時の日本で人口過剰が深刻な問題となっていたことがあった。農村の生産性がなかなか上がらないなか、このままでは日本は過剰人口を抱えきれないと考えられ、海外への移民が奨励されたのである。ところが有力な移住先であったアメリカで、黄禍論の影響のもと東アジア系移民に対する排斥運動が盛り上がり、アメリカ政府は1924年に白人以外のすべての人間の移民を禁止する「1924年移民法（日本では「排日移民法」と言われる）」を制定した。

これより数年前、第一次世界大戦の講和を話し合うパリ講和会議で日本政府は、戦後の国際秩序を主導することになっていた国際連盟の規約に、人種差別の撤廃を明記するべきとする提案を行った（人種差別撤廃提案）。ところがこの提案はアメリカのウィルソン大統領の強い反対により否決された。このため日本国内では反米感情が急速に高まったが、続く「1924年移民法」の制定はその悪化を決定的なものにした。この後の日本政府は過剰人口の送出先として、満洲への進出を強めていくのである。

こうした社会情勢の変化のなかで最終的に安部は、「自身を劣っていると自覚している男性は精管結紮《けっさく》（いわゆるパイプカット）を行い、子孫を残さないよう断種すべきだ」という極端な主張を行うようになる。さらに戦争の時代には「アメリカは白人の国として、日本は日本人の国としてそれぞれ住み分けるのもやむをえない」という主張をするに至る。

本書の視点からいえば、〈体育会系〉が留意すべきはこの点である。もともと安部は野球に関して、「選手制度に基づいて技量が向上するからこそ運動を奨励できる」と、エリート主義を肯定していた。こうした主張が極端化していくと、やがて「劣った者は子孫を残さないようにしよう」という優生思想に結びついてしまう。より抽象化していえば、「優れた者をより優れた存在にしよう」といういわば「純粋性」への指向へとつながっていく。

安部磯雄は良妻賢母教育を批判し、男女同権論を展開しており、〈体育会系〉であると同時に現代的な思想の持ち主で、学ぶべきところも多い。しかし選手制度の肯定↓優生思想の肯定、とりわけ「弱い」とされた人々に対する過剰なまでの厳しさを持ちうる体育観に関しては、現代に生きる我々は批判的に乗り越えていく必要があると考えられる。

「座りっぱなしの娯楽」と消費社会という問題

本書も終わりに近づいてきたが、ここからは少し堅い話題から離れて、私の考えているアイデアをスケッチ的に書いておきたい。

私はカルチャーメディアでの経験が長いが、〈文化系〉界隈《かいわい》ではどれだけたくさんの本を読んでいるか、映画やアニメを観ているかなど、「根性論」でコンテンツを「摂取」することが重視される。第4章で述べた教養主義の悪しき点であるが、個人的に気になるのはこれらの消費行動が「座りっぱなし」の状態を要請することである。

2010年代以降顕著になったのが、こうした「座りっぱなしの娯楽」が儲かるということで企業からも注目され、マーケティングの草刈り場となってしまったことだ。今の文化空間では、お金を使う＝消費することで享受できるもの、つまり消費文化ばかりが「文化」を名乗っている状況である。〈文化系〉の人々はこの状況に批判的視線を向けることが非常に少ない。

近年、座りすぎが非常に健康に良くないことが明らかになってきており[15]、逆に運動はうつ、不安障害、パニック障害、PTSDなどの精神疾患や、女性のPMS（月経前症候群）、更年期障害などのホルモン関連疾患の予防・治療に非常に有効であることがわかってきた。私がこのことを口にすると〈文化系〉の人たちから非常に厳しく叱責されるのだが、「こういう話って、近年の科学的研究によって明らかになっているんですけど……」と返すと、相手[16]

が無言になる。

また、脳細胞は何歳になっても運動をすることによって活性化し（これを脳の可塑性《かそせい》という）、さらに90歳になっても筋トレすれば筋肉を増やせることが明らかになってきている。

私自身も、20代の、運動をほとんどしていない時期はうつ気味であり、先輩から「水泳とかすると気分が晴れるよ」とアドバイスされ、「自分の悩みは運動なんかで解決するはずがない！」と反発したものである。しかし今考えると、「たかが運動」によって悩みが減り、いつも前向きに生きていられるのはまったく悪いことではない。20代の終わりに運動を再開したことで、どうでもいいことに悩んで気分が落ち込むことがどんどん減っていった。そこに右記のような科学的成果の知識が加わることで、身体観に新たな視点が生まれる。

〈文化系〉的なライフスタイルをとり、「座りっぱなしの娯楽」に溺《おぼ》れていると、宿命論的な人生観に陥ってしまう。ここでいう宿命論とは「自分はこれから歳をとっていき、衰えていくんだ」という考え方のことであり、だからこそ〈文化系〉の人たちは「運動でうつから回復できる」とか「何歳になっても脳は進化して新しいことができるようになるし、筋肉も増やせる」という科学的事実を受け入れることができない。ここには、押川春浪の言うように「偏った文明の流れに巻き込まれる」、すなわち消費社会化の罠がある。

「私を野球に連れてって」と「VICTORY SONG」

もっとも、スポーツに接してさえいれば消費社会の罠から逃れられる、というわけでもない。

たとえばアメリカの野球を象徴するものとして、「私を野球に連れてって（Take Me Out To The Ball Game)」という歌がある。メジャーリーグでは7回表が終わると流れる曲なので、聞いたことのある人は多いだろう。次のような歌詞である。

Take me out to the ball game,
Take me out with the crowd;
Buy me some peanuts and Cracker Jack,
I don't care if I never get back.

私を野球に連れてって
みんなのいるところへ連れてって

ピーナッツとクラッカージャックも買ってね
帰れなくたってかまわない

Let me root, root, root for the home team,
If they don't win, it's a shame.
For it's one, two, three strikes, you're out,
At the old ball game

さあ地元のチームを応援しましょう
勝てなかったらガッカリよ
ワン、ツー、スリーストライクでアウト
昔なじみの野球の試合で

もはや問題は明らかである。

まず歌の主人公の女性は、自分でボールパークに行くのではなく「(彼氏に) 連れてって」

とお願いし、かつ、お菓子（クラッカージャックというのはキャラメルでコーティングしたポップコーンとピーナッツが混ざったスナック菓子）も自分で買わずに彼氏にねだっている。女性は徹底して受動的・消費的で、男性は（経済的な意味でも）主体的・生産的という、非常に古色蒼然としたジェンダー観で野球文化が描写される。

さらに「さあ地元のチームを応援しましょう」と集団主義的な郷土愛を喚起し、「勝てなかったらガッカリよ」と勝敗だけにこだわる勝利至上主義を臆面もなく述べ、さらには「old ball game」つまり「古き良きアメリカの象徴は野球である」という価値観を高らかに歌い上げる。この歌はまさに野球を消費文化の象徴として祭り上げてしまっているのである。

そんな「私を野球に連れてって」と対照的なのは、アメリカ野球に伝わるもうひとつの歌、「VICTORY SONG」である。

全野球人――だけでなく全スポーツファン、ないし全人類――が視聴すべき映画として『プリティ・リーグ』という作品がある。第二次世界大戦中、男たちが戦争に駆り出されてメジャーリーグが人手不足となったこともあり、アメリカでは「全米女子プロ野球リーグ(All-American Girls Professional Baseball League、ＡＡＧＰＢＬ)」が発足した。同作ではＡＡＧＰＢＬの女子プロ野球選手たちが、社会の偏見や障害を乗り越えようともがく姿が描かれる。
　さまざまな場所から集まってきたＡＡＧＰＢＬの選手たちのスピリットを象徴するのが、公式歌「VICTORY SONG」である。

Batter up! Hear that call!
The time has come for one and all
To play ball.

打席につけ！　その声を聞け！
今こそすべての人が
プレーする時だ。

We are the members of the All-American League.
We come from cities near and far.

We've got Canadians, Irishmen and Swedes,
We're all for one, we're one for all
We're All-Americans!

私たちは全米リーグのメンバー
近くの街からも遠くの街からも集まった
カナダ人も、アイルランド人も、スウェーデン人もいる
一人は皆のために、皆は一人のために
私たちは全米の仲間たち！

Each girl stands, her head so proudly high,
Her motto 'Do or Die.'
She's not the one to use or need an alibi.

それぞれの少女は堂々と胸を張り立つ

彼女たちのモットーは「やるか、やられるか」
言い訳なんて使わない、必要ない

Our chaperones are not too soft,
They're not too tough,
Our managers are on the ball.
We've got a president who really knows his stuff,
We're all for one, we're one for all,
We're All-Americans!

私たちのスタッフは甘すぎず
厳しすぎず
監督たちは抜け目ない
私たちには本当に物事を分かっている会長がいる
一人は皆のために、皆は一人のために

私たちは全米の仲間たち！

まさに野球のライフスタイルスポーツ性や、多様性を尊重できる姿勢を象徴的に表している歌だと思うのは、私だけだろうか（「カナダ人も、アイルランド人も、スウェーデン人も」と白人に限定的なところだけは気になるが、アジアやアフリカ、南米の国などを代わりに入れれば問題ない）。

特に、「私たちのモットーは『Do or Die（やるか、やられるか）』だ」と鼓舞しつつ、「今こそすべての人がプレーする時だ」「私たちは全米の仲間たち」と包摂性を強調している点は、野球の文化性をよく表現できているといえる。

ＡＡＧＰＢＬは商業性の問題から戦後しばらくして解散してしまうが、ＯＧのつながりはまだ生きており、老齢にさしかかった元選手たちの会合で「VICTORY SONG」をみなで大切に歌っている動画をＦａｃｅｂｏｏｋで発見したとき、私は感動を禁じ得なかった。

ちなみに、これまで何度も登場した日本野球の祖の一人、押川春浪は少女小説を多数執筆しており、明治末期の少女たちからの人気を独占した作家でもあった[17]。その内容も、たとえば『女侠姫』という作品は主人公の少女が馬に乗って猛獣と戦ったり幽霊城を探検したりと、現代の人気ゲーム『トゥームレイダー』のヒロイン、ララ・クロフト顔負けの冒険を繰り広げる破天荒なものである。もし仮に春浪が現代日本に蘇ったら、野球を男女問わず奨励することは間違いない。

インクルーシブなライフスタイルスポーツとして

考えてみれば、野球はたしかに包摂性の高い（＝インクルーシブな）スポーツである。メジャーリーグでは身長１６０センチ台のホセ・アルトゥーベ（ヒューストン・アストロズ）がホームランも打てる安打製造機として活躍を続けており、かつてニューヨーク・ヤンキースなどで投手として活躍したジム・アボットは右手首のないサウスポーだった。プロレベルのスピードボールを投げられないティム・ウェイクフィールド（ボストン・レッドソックス他）は、不規則に変化するナックルボールを

『プリティ・リーグ』1992 年（出演）トム・ハンクス、ジーナ・デイヴィス、マドンナ（監督）ペニー・マーシャル

武器にメジャー通算200勝を挙げた。

日本では2003年夏の甲子園で左足首を失い義足ながらレギュラーとしてプレーする曽《そ》我《が》健《けん》太《た》選手が注目され、プロ野球では先天性難聴をもつ石井裕也《いしいゆうや》投手が中日・横浜・日本ハムなどで14年間にわたって活躍した。

身体的なハンディだけでなく、年齢においても幅の広いスポーツが野球である。メジャーで活躍した伝説的投手ランディ・ジョンソン（アリゾナ・ダイヤモンドバックス、ヤンキース他）は40代になっても160キロ前後のスピードボールを投げ、45歳のシーズンで二桁勝利を挙げた。日本であれば山本昌《やまもとまさ》も40代で主力投手であり続け、50歳まで現役を続けた。現役選手であれば、ダルビッシュ有《ゆう》もおそらくそういった投手になっていくだろう。


もちろん、ジェンダーの壁はまだまだ残っている。だがアメリカはさすがというべきか、興味深い動きがある。2022年5月、米国サッカー連盟は、代表チームで活動する選手の報酬を男女同一にする労働協約の締結に、男女それぞれの選手会と合意したのである。もともとアメリカのサッカー代表には男女で大きな賃金格差があり、女子選手や支援者たちは「イコールペイ、イコールプレイ（同じプレイには同一の報酬を）」を合言葉に抗議活動を展開していた。[17]

なぜアメリカのサッカーで「イコールペイ」が実現できたのかというと、これにはいくつかの要因がある。たとえば、アメリカサッカーの男子代表のW杯成績がここ20年ではベスト16が最高である一方で、女子代表は2回優勝、1回準優勝と男子に比べてかなり成績がいい。2019年のW杯決勝中継の視聴率も大変高かったことから、商業的にも注目された。

もともとアメリカでは4大プロスポーツ（野球、アメリカンフットボール、バスケットボール、アイスホッケー）が、消費文化＝「みるスポーツ」として人気が高い。一方で欧州由来のサッカーはそこまで人気が高くなかったが、逆にそれゆえなのか、近年はライフスタイルスポーツ＝「するスポーツ」として人気が高まっている。

それを象徴するのが、競技人口の男女比が6対4と、スポーツとしては女性比率が大変高く、単純に女子の競技人口で見ても160万人と世界一であることだ[18]（300万人以上とする説もある）。女子代表の主力選手であったミーガン・ラピノーやアレックス・モーガンは、アメリカで女性アスリートのアイコンとして広告などにも多数起用されている（ラピノーはレズビアンであることを公言しており、性的マイノリティのアイコンでもある）。「するスポーツ」の実践者が多いことが、アメリカ女子サッカーの商業性を支えていると考えられる。

ここで重要なのが、アメリカ女子サッカーで右記のような議論が成立した背景には「男女が同じ競技をプレーしている」という状況があったことである。アメリカにおいて、最も人気のあるスポーツであるアメフトは男子の競技であり、女子向けは7人制のフットボールが用意されている。装備もかなり違い、女子のフットボールはかつて「ランジェリーフットボール」と言われたように、なぜかほとんど下着姿であるという奇妙なものだ。野球はというと、男子は硬式野球であり、女子向けにはソフトボールが用意されている。同じ競技をプレーしていないからこそ、野球においてはジェンダーの壁が残り続ける。

そして私の考えでは、女子向けの野球として用意されており、アメリカだけでなく日本でも同じ構造であるソフトボールは「ソフト」ではない。当初のソフトボール（インドアベースボール）はそれこそ「ソフトな野球」として、やわらかいボール、小さなダイヤモンド、ピッチャーは下手投げなど、野球よりも敷居の低いと思われるルール設定がなされていた。ところが現在、ボールは硬式球と同じように硬く、重量は重い。また、ウィンドミル投法が普及したこと、投手とホームベース間の距離の近さによって、打者にとっての体感スピードは硬式野球に換算して時速160キロ以上であるとされる。またダイヤモンドの小ささは打者から内野手までの距離が近いことを意味し、守備側は高い反射神経が要求されるなど、難易度の高いスポーツになっているのである。

一方で日本の野球にはユニークなところもあり、小中学生のカテゴリでは男女混合で行われることが多い。野球においては女子チームがつくれるだけの女子の人数が集まらなかったという現実的問題があったからだが、他のスポーツのように「男子チーム」「女子チーム」とあらかじめ分けられていないため、男女混合が当たり前になっているのである。

また、小中学生や大人の草野球が、軟式球を用いて行われることも日本の特徴である。そもそも軟式球は日本独特の規格で、独自に発展してきた。軟式球は硬式球と違ってボールが中空になっているため安全性が非常に高く、試合を行う際には硬式野球のように専用のグラウンドが必要なく、一般的な学校のグラウンドで練習や試合を行うことが可能である。

昔の軟式球は、バットで打つとボールがつぶれてしまうためポップフライが増えるという短所があったが、スポーツメーカーが長年の研究によって打球部がウレタン製などのやわらかいバットを開発し、その短所が克服されている。また軟式球そのものも、かつては硬式球

ミズノが発売している高反発バット「ビヨンドマックス」と軟式球。このバットは打球部がウレタンの柔らかい素材でできており、打ったときにボールがあまり潰れないため飛距離が出る。ただし近年は高性能化しすぎ、ホームラン性の打球が市民球場から外部に飛び出して住宅に直撃するなどの問題も生まれている。

と比べて弾みすぎてゲーム性が異なってしまうという欠点があったが、現在はボールの改良により硬式球とかなり近い感覚でプレーできるようになっている。そのため、軟式から硬式への移行も容易になっているのだ。

おまけに、硬式球に比べ軟式球は安価で経済的である。硬式球は皮製のため水に濡れたり使い続けると劣化して使えなくなってしまうが、軟式球はゴムのため多少の雨でもプレーが可能で、ボールの劣化も遅いという利点がある。

野球文化は衰退ばかりが危機感を持って叫ばれているが、軟式球の積極的な使用によって、テニスのミックスダブルス（男女混合）のようなゲームを新たに開発し、野球にもともとあるインクルーシブな側面を活性化していくと、これまでとは異なる新たな文化性が生まれていくと私は考えている。

また、たとえばソフトボールには、リエントリー（先発出場した選手であれば一度ゲームから退いても再出場できる）、ＤＰ／ＦＰ（簡単に言えばピッチャー以外の野手にもＤＨを設定できる制度）、ダブルベース（一塁での走者と野手の身体接触を避けるため、ファウルエリアにもうひとつのベースを置く）などの優れたルールがある。そもそも、すでに述べたように野球はテニスなどと同じくノンコタクトスポーツであり、身体接触の危険性が少ないので男女で区切る必要性が（実は）薄い。また、草野球には「全員打ち」といって、10人以上のメンバーでスタメンを組み、野手９人＋指名打者複数名かつ守備交代も自由にゲームができるというルールもある。

それと、すでに述べたように野球のバットには重さと反発性能の問題があるが、筋力の少ない人は軽くて反発性能の高いバットを、逆に筋力の大きい人は重くて鈍いバットを使ってもらったり、投手に関しても筋力の少ない人はピッチャープレートの２メートル前から投げるのを許可するなど、身体能力を平準化するという発想もありうる。現代は身体組成を計測するモニタリングテクノロジーも発達しているので、そういった技術をスポーツの公平性確保のために活用することも考えられる。

基本的にこれまでの〈体育会系〉といえば、「ルールを遵守する」ことを金科玉条《きんかぎょくじょう》のように捉え、「ルールを変える」ということに及び腰な人たちが多かった。しかし「するスポーツ」＝ライフスタイルスポーツとしてすでに先行している他のスポーツや、過去のユニークな歴史から学び、野球にもともとある特性に目を向けることで、この文化の価値を再び活性化していくことができるはずである。

1 「夏の甲子園が中止になった件」にどね研究所 2020年5月20日公開、同21日更新
https://nidoneinstitute.com/2020/05/20/natsunokoshien2020/
2 「メルカリに甲子園の土が大量出品「ただの砂」「金欠なので」」NEWSポストセブン、2020年9月23日
https://www.news-postseven.com/archives/20200923_1596810.html
3 福冨旅史「甲子園Vの元主将に懲役5年判決　強盗致傷罪で千葉地裁」朝日新聞、2021年9月4日
https://digital.asahi.com/articles/ASP2461MLP24UDCB00J.html

4　中平良「強盗致傷事件で捕まった「元甲子園Ｖ主将」が控訴審で語った本音」ＦＲＩＤＡＹデジタル、２０２１年7月6日
https://friday.kodansha.co.jp/article/195002

5　安部磯雄『青年と理想』岡倉書房、１９３７年、２３８-２３９ページ

6　ＮＨＫ大河ドラマ『いだてん～東京オリムピック噺（ばなし）～』第3回「冒険世界」放映後の「いだてん紀行」（２０１９年1月20日放送）より

7　長山靖生『日本ＳＦ精神史 完全版』河出書房新社、２０１８年、１２８ページ

8　池田浩士『大衆小説の世界と反世界』現代書館、１９８３年、１９４ページ

9　鈴木康史「押川春浪の『武侠六部作』の構造と読者共同体——『冒険世界』に参加する読者たちと媒介者としての春浪」『奈良女子大学文学部研究教育年報 第9号』２０１２年

10　サンドウのトレーニング法を広く紹介したのが講道館館長・嘉納治五郎である。なおバーベルが日本で知られるようになったのは１９３０年代以降だと考えられる（窪田登『武道のための筋力トレーニング』ベースボール・マガジン社、１９９１年）。

11　小田暢『中等教育兵式体操軌典』厚生堂、１９０８年などを参照。なお、女子にはスウェーデン体操など、男子とは異なる体育教育が推奨されていた。また総力戦体制の整備が進んでくる昭和10年代以降、男子向け教育はより軍事的要素が強められた。

12　フィリッパ・レヴィン（著）、斉藤隆央（訳）『14歳から考えたい 優生学』すばる舎、２０２１年

13　林葉子「廃娼論と産児制限論の融合 安部磯雄の優生思想について」日本女性学会学会誌編集委員会

（編）『女性学（13）』２００５年、林葉子「安部磯雄における「平和」論と断種論―男性性の問題との関わりを基軸に―」『ジェンダー史学（5）』２００９年、河島幸夫「日本の社会運動家・安部磯雄の優生思想」『四国学院大学論集（１４５）』２０１５年、など

14　廣部泉『黄禍論百年の系譜』講談社選書メチエ、２０２０年

15　たとえば、『Ｔａｒｚａｎ（ターザン）』２０２３年２月９日号「「座りすぎ」が寿命を縮める！」（マガジンハウス）ではこの点が科学的に検証されている。

16　この点を科学的に解説した一般向け書籍としては、ジョンＪ．レイティ（著）、エリック・ヘイガーマン（著）、野中香方子（訳）『脳を鍛えるには運動しかない！最新科学でわかった脳細胞の増やし方』（ＮＨＫ出版、２００９年）、アンデシュ・ハンセン（著）、御舩由美子（訳）『運動脳』（サンマーク出版、２０２２年）、Testosterone（著）、とうすけ（監修）『「運動しなきゃ…」が「運動したい！」に変わる本』（Ｕ－ＣＡＮ、２０２３年）などがある。

17　堀越英美『不道徳お母さん講座　私たちはなぜ母性と自己犠牲に感動するのか』河出書房新社、２０１８年

18　労働政策研究・研修機構（ＪＩＬＰＴ）「米サッカー代表チームの報酬を「男女同一」に（２０２２年６月）」
https://www.jil.go.jp/foreign/jihou/2022/06/usa_02.html

19　松原渓「アメリカで〝女子スポーツ史上最大のメディア投資〟が実現。米在住の元ＷＥリーグチェアに聞く成功の裏側」ＲＥＡＬ ＳＰＯＲＴＳ、２０２３年12月12日公開

https://real-sports.jp/page/articles/202312120/

おわりに

「はじめに」でも少し触れたが、本書は私が編集者として働いていた『ＰＬＡＮＥＴＳ』というメディアでの連載をもとにしている。当時、編集長の宇野常寛さんから「そんなに野球に詳しいんだったら何か書いてみたら？」と言われており、ちょうどメルマガの記事ラインナップが足りなかったので苦し紛れに書いてみたところ、意外にもＰＶがかなり良かった。カルチャーメディアなので〈文化系〉の読者が多く、〈体育会系〉的なテーマを扱うと怒られるだろうな……と思っていたら、そんなこともなかったのだ。

ただ、メルマガで最初の記事が出てから本になるまで10年もかかってしまった。私は多少なりとも野球のことは知っていると思っていたが、考えてみると「野球とはなにか？」という基本的なことすら全然知らなかった。実際、こういう人はかなり多いはずだ。

そこで本書では、一般教養として知っていると面白いと思われる情報をまとめつつ、読んだ人が考え込んだり、自分の意見を言いたくなるようなものをめざした。もちろん私の書いた批評が100％正しいと主張したいわけでもないので、さまざまな意見、反論、指摘をもらって、野球害毒論争のように激しく議論を深められたらと思う。

なおサブタイトルの『「野球部はクソ」を解剖する』は、光文社新書編集部がつけてくれたものだ。「野球部はクソ」かどうかについて自分の意見を言うと、「そういう奴もたしかにいる」。しかし大多数ではないと思う。本文でも詳しく書いているように「クソ」と言われる状態に陥ってしまう構造こそが問題化され、議論されるべきだ。野球をはじめスポーツはそれだけで「良い」「悪い」というものではなく、使う人の使い方しだいである。

最初にこのテーマで文章を書くきっかけをつくってくれたPLANETSの宇野常寛さん、中川大地さん、光文社新書での企画をスタートさせてくれた森坂瞬さん、そして特に締切間際まで付き合っていただいた担当編集の髙橋恒星さんに感謝したい。

また、この企画のスタートに協力してくれた5名の野球ファンたち、応援してくれた高校や大学の野球仲間、それと草野球チーム Exodus Baseball Club のみなさんにも色々な意見をもらった。石岡良治さん、藤谷千明さん、ばるぼらさんからは〈文化系〉の視点から重要なヒントをいただいた。また物心両面で支えてくれた家族には深く感謝したいと思う。

本書が、運動（野球でなくても）を通じて、より多くの人が健康で楽しく生きていける一助になることを願います。

２０２５年2月　中野慧

中野慧（なかのけい）

編集者・ライター。1986年、神奈川県生まれ。一橋大学社会学部社会学科卒、同大学院社会学研究科修士課程中退。批評誌「PLANETS」編集部、株式会社LIG広報を経て独立。構成を担当した主な本に『共感という病』（永井陽右著、かんき出版）、『現代アニメ「超」講義』（石岡良治著、PLANETS）、『若い読者のためのサブカルチャー論講義録』（宇野常寛著、朝日新聞出版）など。現在は「Tarzan」などで身体・文化に関する取材を行いつつ、企業PRにも携わる。クラブチームExodus Baseball Club代表。

文化系《ぶんかけい》のための野球入門《やきゅうにゅうもん》　「野球部《やきゅうぶ》はクソ」を解剖《かいぼう》する

2025年3月30日初版1刷発行

著　者 ── 中野慧
発行者 ── 三宅貴久
装　幀 ── アラン・チャン
印刷所 ── 堀内印刷
製本所 ── ナショナル製本
発行所 ── 株式会社光文社
東京都文京区音羽1-16-6（〒112-8011）
https://www.kobunsha.com/
電　話 ── 編集部03(5395)8289　書籍販売部03(5395)8116
制作部03(5395)8125
メール ── sinsyo@kobunsha.com

ISBN 978-4-334-10587-7

1330
ロジカル男飯
樋口直哉

ラーメン・豚丼・ステーキ・唐揚げ・握りずしなど、万人に好まれる料理を、極限までおいしくするレシピを追求！　料理に対する考えを一変させる、クリエイティブなレシピ集。

978-4-334-10425-2

1331
現代人のための読書入門
本を読むとはどういうことか
印南敦史

「本が売れない」「読書人口の減少」といった文言が飛び交う現代社会。だが、いま目を向けるべきは別のところにあるのかもしれない――。人気の書評家が問いなおす「読書の原点」。

978-4-334-10444-3

1332
長寿期リスク
「元気高齢者」の未来
春日キスヨ

人生百年時代というが、長寿期在宅高齢者の生活は実は困難に満ちている。なぜ助けを求めないのか？　今後増える超高齢夫婦二人暮らしの深刻な問題とは？　長年の聞き取りを元に報告。

978-4-334-10445-0

1333
日本の指揮者とオーケストラ
小澤征爾とクラシック音楽地図
本間ひろむ

「指揮者のマジック」はどこから生まれるのか――。明治時代以降の黎明期から新世代の指揮者まで、それぞれの個性が炸裂する、指揮者とオーケストラの歩みと魅力に迫った一冊。

978-4-334-10446-7

1334
世界夜景紀行
丸田あつし
丸々もとお

夜景をめぐる果てしなき世界の旅へ――。世界114都市、602点収録。ヨーロッパから中東、南北アメリカ、アジア、アフリカまで。夜景写真&評論の第一人者が挑んだ珠玉の情景。

978-4-334-10447-4

1335
働かないおじさんは資本主義を生き延びる術《すべ》を知っている
侍留啓介

起業家にも投資家にもならず、この社会の「勝ち組」になることは可能か？ 商社・コンサル・起業を経て経営科学を修めた著者が、実務経験と学識をもとに現代日本のキャリア観を問い直す。

978-4-334-10473-3

1336
つくられる子どもの性差
「女脳」「男脳」は存在しない
森口佑介

男児は生まれつき落ち着きがない、女児は発達が早い——子どもの特徴の要因を性別に求めがちな大人の態度をデータで一刀両断。心理学・神経科学で「性差」の思い込みを解く。

978-4-334-10474-0

1337
ゴッホは星空に何を見たか
谷口義明

《ひまわり》や《自画像》などで知られるポスト印象派の画家・ゴッホ。彼は星空に何を見たのか？ どんな星空が好きだったのか？ 天文学者がゴッホの絵に隠された謎を多角的に検証。

978-4-334-10475-7

1338
全天オーロラ日誌
田中雅美

カナダでの20年以上の撮影の記録を収め、同じ場所からの撮影や一度きりの場所まで、思い立った場所での撮影日誌。第一人者が追い求めた、季節ごとに表情を変えるオーロラの神秘。

978-4-334-10476-4

1339
哲学古典授業 ミル『自由論』の歩き方
児玉聡

なぜ個人の自由を守ることが社会にとって大切なのか？ この問いに答えた『自由論』は現代にこそ読むべき名著。京大哲学講義をベースに同書をわかりやすく解く「古典の歩き方」新書。

978-4-334-10508-2

1340

グローバルサウスの時代
多重化する国際政治

脇祐三

米中のどちらにも与《くみ》せず、機を見て自国の利益最大化を図る。インドや中東、アフリカ諸国の振る舞いからグローバルサウスの思考体系と行動原理を知り、これからの国際情勢を考える。

978-4-334-10509-9

1341

映画で読み解く イギリスの名門校《パブリック・スクール》
エリートを育てる思想・教育・マナー

秦由美子

世界中から入学希望者が殺到する「ザ・ナイン」とは何なのか。エリートを輩出し続けるパブリック・スクールの実像を、「ハリー・ポッター」シリーズをはじめ7つの映画から探る。

978-4-334-10510-5

1342

海の変な生き物が教えてくれたこと

清水浩史

外見なんて気にするな、内面さえも気にするな！ 水中観察30年の海と島の達人が、「地味で一癖ある」「厄介者」なのになぜか惹《ひ》かれる10の生き物を厳選、カラー写真とともに紹介する。

978-4-334-10511-2

1343

イスラエルの自滅
剣によって立つ者、必ず剣によって倒される

宮田律

民間人に多大な犠牲者を出し続けているハマスとイスラエルによる「ガザ戦争」。イスラエルはなぜ対話へと舵《かじ》をきらずに平和が遠のいているのか。その根源と破滅的な展望を示す。

978-4-334-10543-3

1344

知的障害者施設 潜入記

織田淳太郎

知人に頼まれ、「知的障害者施設」で働きはじめた著者が見たものとは？ 入所者に対する厳罰主義、虐待、職員による「水増し請求」――驚きの実態を描いた迫真のルポルタージュ。

978-4-334-10544-0

1345
だから、お酒をやめました。
「死に至る病」5つの家族の物語
根岸康雄

わかっちゃいるけど、やめられない……そんなアルコール依存症の「底なし沼」から生還するためには、何が必要なのか。五者五様の物語と専門家による解説で、その道のりを探る。

978-4-334-10545-7

1346
恐竜はすごい、鳥はもっとすごい！
低酸素が実現させた驚異の運動能力
佐藤拓己

中生代の覇者となった獣脚類、その後継者である鳥は、低酸素への適応を通じなぜ驚異の能力を獲得できたのか。地球の歴史と共に、身体構造や進化の歴史、能力の秘密に、新説を交え迫る。

978-4-334-10546-4

1347
地方で拓《ひら》く女性のキャリア
中小企業のリーダーに学ぶ
野村浩子

地方の中小企業で地道にステップアップした女性リーダーたちをベテランジャーナリストが徹底取材。本邦初、地方で働き続けたい女性、そして雇用者のための「地元系キャリア指南書」。

978-4-334-10552-5

1348
ひのえうま
江戸から令和の迷信と日本社会
吉川徹

1966（昭和41）年、日本の出生数が統計史上最低を記録した。干支《えと》にまつわる古くからの迷信は、なぜその年にだけ劇的な出生減をもたらしたのか？ 60年周期の「社会現象」を読み解く。

978-4-334-10553-2

1349
バスケットボール秘史
起源からNBA、Bリーグまで
谷釜尋徳

19世紀末に宗教界の生き残り策として生まれたバスケットボールの世界的な普及と日本への伝来、五輪やNBAへの挑戦、ブームからやがて文化になるまでの歴史を、豊富な資料をもとに探る。

978-4-334-10554-9

1350
関係人口
都市と地方を同時並行で生きる
高橋博之

地方だけでなく都市も限界を迎えている日本にとって「関係人口＝地域外に拠点を置きながら地域と継続的に関わる人々」は救いの哲学となるのか？ 情熱的な新・地方創生論。

978-4-334-10585-3

1351
日本一ややこしい京都人と沖縄人の腹の内
仲村清司

京都人＝イケズ⁉ 沖縄人＝排他的⁉ 実際はどうなの――⁉ 京都に拠点を置きながら沖縄に通う生活を送る著者が、両地の知られざる〝遠くて近い、深い関係〟に着目した本邦初の一冊。

978-4-334-10586-0

1352
文化系のための野球入門
「野球部はクソ」を解剖する
中野慧

一高、天狗倶楽部、朝日新聞、武士道、ニュージャーナリズム、スポーツ推薦、スクールカースト、女子マネージャー……。これまで顧みられなかった「日本の野球文化」を批評する。

978-4-334-10587-7

1353
37歳で日本人最速投手になれた理由
これからの日本野球
齋藤隆

ベイスターズとイーグルスで日本一、ＭＬＢドジャースで地区優勝。ＮＰＢもＭＬＢも知悉した著者による野球論、ピッチング論、トレーニング論、コーチング論、ビジネス論。

978-4-334-10588-4

1354
75歳・超人的健康のヒミツ
「スーパー糖質制限」の実践
江部康二

歯・耳・目、全てよし、内服薬なし、血圧・体重も維持、夜間尿なし…52歳で糖尿病を発症も、若さと健康を保っている糖質制限のパイオニア医師が、あらゆる角度から元気の秘訣を公開。

978-4-334-10589-1